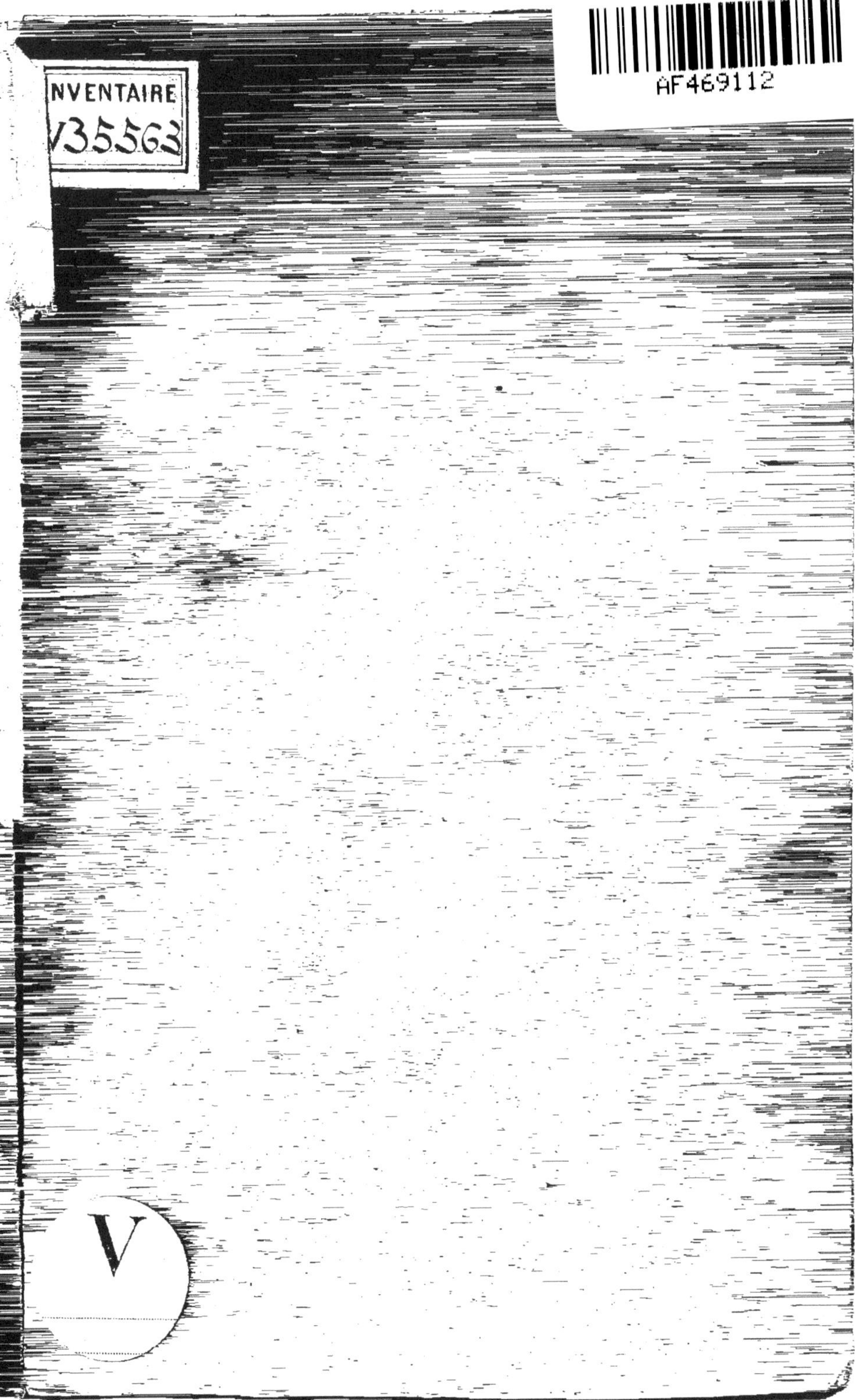

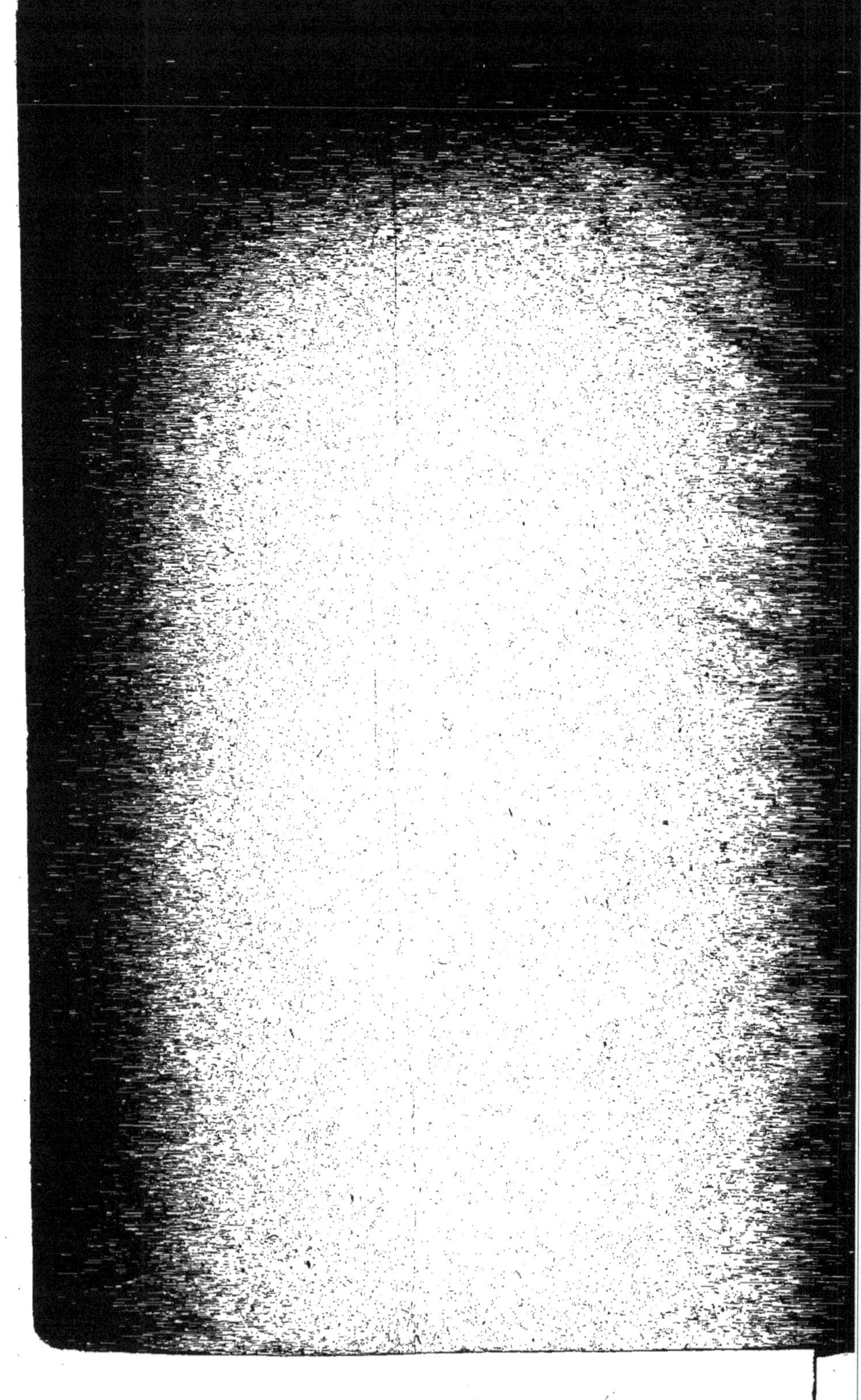

CONSIDÉRATIONS IMPORTANTES

SUR LES DANGERS DE LAISSER SUBSISTER L'ORGANISATION ACTUELLE DE LA BANQUE DE FRANCE;

MOYENS faciles d'y remédier sans déranger le cours de ses opérations.

A PARIS.
Chez les Marchands de Nouveautés.

AN IX. — 1800.

AVANT-PROPOS.

Si l'on fait attention au goût dominant de la plupart des lecteurs, on reconnaîtra que les écrits longs et sérieux ne plaisent jamais autant que les écrits concis d'une imagination fleurie.

Dédaigner l'attention qu'on doit avoir pour ménager ce goût du public, montrerait une vanité sans fondement; il vaut mieux quelquefois en être le martyr que d'en être le frondeur; un écrivain doit donc fléchir sous l'opinion, bien ou mal fondée, et n'employer que des moyens sagement dirigés pour vaincre la répugnance qu'on manifeste assez généralement, à la vue des ouvrages trop étendus.

Cette raison m'a déterminé à ne publier qu'une partie de mon travail à la fois.

Celle qui vient à la suite de celle-ci traite de l'usure et des maux qu'elle fait aujourd'hui à l'agriculture, au commerce, aux arts, aux manufactures, et sur-tout au trésor public.

Je trace après cela un parallèle de conduite, dans les opérations de commerce et de banque, entre les Espagnols, les Français et les Anglais; suivi des preuves de complicité entre le ministre Anglais et les cannibales coopérateurs de Robespierre, chargés de détruire notre commerce.

Je démontre les moyens de s'en venger, en indiquant la manière de faire une descente en Angleterre, bien plus facile qu'on ne l'imagine.

La troisième partie, dont les manuscrits ne sont pas encore terminés, traite des moyens de réparer les manufactures, les Colonies, et la manière de percevoir les impôts.

Elle contiendra encore le parallèle entre la marine anglaise et la nôtre; l'on y verra quels sont les avantages et désavantages de l'une et de l'autre, tant dans la construction, que dans la voilure, les manœuvres et la discipline; le tout sera suivi des moyens de remonter une marine, et d'éviter à l'avenir, toutes les fautes que la présomption de plusieurs constructeurs et marins ont commises, tant dans les dimentions de nos vaisseaux, que dans leurs mâtures et leurs grémens.

L'ouvrage sera terminé par des Réflexions sur les erreurs introduites dans les sciences depuis la révolution; je prouverai que la plus grande et la plus étonnante est celle de nos poids et mesures, déduits d'après la division du cercle en 400 parties *décimalisées*.

Je donnerai aussi un extrait de ma Trigonométrie des cordes, perdue dans l'antiquité, afin de faire voir combien cette partie deviendrait importante pour les marins, il ne leur faudrait que des tables d'arcs et de cordes pour résoudre les triangles, tant rectilignes que sphériques.

Je démontre, enfin, que la vraie façon

de faire des mesures *adoptables* par toutes les nations, serait de mettre la division du cercle en 360 dégrés terrestres, d'après la mesure du globe; par ce moyen, les dégrés serviraient aux mesures de la géographie et de l'hydrographie, les minutes à mesurer les distances itinéraires à la place des lieues et des milles, la seconde servirait à mesurer les champs; et la tierce aux marchands à la place de l'aune.

Le pendule ne saurait jamais atteindre une approximation aussi parfaite.

Cette division du cercle étant déjà connue de tous les peuples policés, on n'aura pas besoin de vaincre leur répugnance pour faire adopter ces mesures; la terre leur servira de diapason comme à nous; il ne faut qu'une convention à laquelle ils aient un intérêt égal au nôtre pour qu'ils s'y prêtent.

Tout l'ouvrage réuni aura pour titre : *Moyens de remédier aux grands maux occasionnés à la France par la révolution.*

AU PREMIER CONSUL.

Général Consul,

En nous prouvant qu'il est dans votre cœur de faire le bonheur de la France, vous imposez à tous les citoyens le devoir de surveiller tout ce qui peut nuire à sa prospérité.

Le but de cet écrit est de démontrer l'analogie des moyens astucieux que les dilapidateurs de nos finances ont employés depuis la révolution, avec les principes dangereux qui servent aujourd'hui à l'organisation de la Banque de France.

Les triomphes de la guerre tiennent trop aux succès des finances pour que vous ne daigniez pas y prêter votre attention. Puisse mon âme toute entière passer dans cet écrit, pour déjouer la faction d'Angleterre !

Trop heureux si mon dévouement contribue au bien que je veux faire.

Recevez, Général Consul, mes hommages respectueux,

COURREJOLLES, *père.*

CONSIDÉRATIONS IMPORTANTES

SUR LES DANGERS DE LAISSER SUBSISTER L'ORGANISATION ACTUELLE DE LA BANQUE DE FRANCE.

Bien éloigné de prétendre faire aucun reproche injuste, et moins encore aucune application directe aux régens de la Banque de France, et de les priver du tribut d'estime qui peut leur être dû, je ne présente ici que les dangers des moyens dont ils font usage, afin d'en substituer de plus salutaires pour le bien de l'état, et pour ceux qui, parmi eux, possèdent des biens-fonds.

Personne n'ignore qu'aucune Banque en France, depuis celle de Law jusqu'à celles de ces derniers tems, n'a prospéré, et que toutes ont occasionné de grands maux par leurs banqueroutes, et cela parce qu'on a permis à des particuliers, presque tous étrangers au sol de la France et qui ne tenaient à rien, de former des réunions de gens à porte-feuille, pour établir des Banques, sans offrir aucune garantie pour répondre des papiers-monnaie qu'ils répandaient dans la circulation.

L'organisation de la Banque de France est composée de différens matériaux pris de tous les côtés. Il y en a de salutaires pour étendre ses opérations, mais qui, étant placés à côté d'autres fort dangereux, ne peuvent servir qu'à accélérer sa chûte, celle de notre commerce et de nos finances.

Parmi les plus nuisibles, la faculté de pouvoir émettre des billets à vue, sans qu'aucune garantie visible puisse en fixer le terme, est un moyen infaillible pour creuser l'abîme ou la Banque ira s'engloutir en suivant toutes celles qui l'ont précédée.

D'après des faits aussi vrais, rien n'est plus urgent que de refondre les réglemens de la Banque, en éliminant tout ce qui est dangereux. Peut-on abandonner en effet le sort de nos finances, sans d'autres garanties que des apparences de richesses? Ne sait-on pas que la solidité précaire des hommes de commerce, est aussi éventuele que leurs spéculations? C'est comme si l'on abandonnait au sort du jeu la destinée de l'état.

Nul n'a plus d'intérêt à la conservation d'un empire que celui qui tient au sol, sur-tout lorsqu'il engage sa propriété dans une Banque pour répondre d'une obligation déterminée, comme celle des billets à vue, le gouvernement ne peut rien perdre avec lui : or, s'il n'y a rien à perdre avec ceux qui possèdent des propriétés, et qu'il y ait des risques à courir avec les hommes à portefeuille, il est évident que les premiers devraient être préférés, sur-tout lorsqu'ils présenteront assez de biens pour répondre de leurs engagemens.

Je soutiendrai donc toujours et je démontrerai même, que ce n'est qu'avec des propriétaires qu'on pourra former des Banques durables, et que, si l'on abandonne ces sortes d'établissemens à des banquiers qui ne mettent rien en évidence, pour répondre de toutes leurs opérations, on aura toujours à craindre que les régisseurs n'abusent du pouvoir qu'on leur aura confié.

Les banquiers demanderont peut-être comment des propriétaires qui n'ont ni argent, ni crédit dans le commerce, pourront se procurer les fonds nécessaires à remplir les coffres d'une Banque.

Il y a des régens de la Banque qui le savent, d'autres le sauront aussi, lorsqu'ils apprendront que les moyens dont ils se servent pour en obtenir ont été puisés dans les réglemens de la

Compagnie de Change, formée par nombre de propriétaires, qui réunissaient, il y a près de deux ans, pour près de trois millions de biens-fonds; mais au moment où cette Compagnie devait présenter ses pétitions au gouvernement, les auteurs de la Banque de France prirent les devans, et mirent ceux de la Compagnie de Change en défaut, parce qu'ils n'avaient pas les mêmes alentours.

Il est à remarquer qu'il y a dans les affaires quelque chose de plus puissant que la raison, qui repousse les bonnes opérations, pour faire réussir les plus mauvaises.

Les Banques offrent autant d'avantages quand elles sont bien formées et bien régies, qu'elles peuvent faire de maux lorsque ceux qui les dirigent ont la faculté d'abuser; mais si l'on avait le bonheur d'en établir une bien solidement organisée, elle serait susceptible d'étendre considérablement les affaires, en produisant des richesses d'opinion, soutenues par des richesses réelles, et de porter par ce moyen nos finances et le commerce au plus haut dégré de prospérité.

Malheureusement ces bons principes ne se trouvent pas dans la Banque de France; aussi est-*il* à craindre que le défaut de solidité ne la perde tôt ou tard.

Une courte narration sur les événemens arrivés à toutes nos Banques, ou autres établissemens analogues, va faire voir combien tout ce que je dis est vrai, et combien il est dangereux de laisser prendre à la Banque de France toute l'extension dont elle est susceptible, en se servant des moyens empruntés de la Compagnie de Change, que les régens de la Banque veulent mêler avec ceux qui la perdront.

Il y avait plus de cinquante ans que les Français ne pensaient plus à la fâcheuse catastrophe de Law, lorsqu'en avril 1776, Pancho, Clonard, Rothe et Mory fondèrent la Caisse d'Escompte.

L'ancienne Compagnie des Indes fut son berceau. Cette Compagnie était à cette époque en liquidation de commerce. Mory en était le caissier général; et en cette qualité, il avait la faculté d'émettre les billets de la Caisse d'Escompte, en les donnant en paiement aux actionnaires, et de les payer ensuite à vue avec l'argent des recettes de cette ancienne Compagnie.

La Caisse d'Escompte ne montrait encore qu'une faible existence; elle n'avait en octobre 1776 que 170,000 livres de fonds, dont la plus grande partie avait été fournie par des banquiers de jeu, qui les premiers donnèrent cours aux billets, la plupart *causés* en louis.

Elle se soutint faiblement dans le cours de 1777; mais vers le sémestre de 1778, elle s'accrut d'un mouvement de 54 millions de recette et d'autant de sortie.

Lesquels augmentèrent graduellement jusqu'en juillet 1781, où le mouvement de la Caisse du comptant s'accrut de près de 300 millions d'entrée et d'autant de sortie.

Cette augmentation de mouvement depuis 1778, fut l'effet de la réunion des premières maisons de Banque à cet établissement. Ce fut à cette époque qu'elle quitta la Compagnie des Indes, pour occuper la maison qu'elle acheta à la rue Vivienne. Son embonpoint la rendit si favorable à ses principaux régisseurs, que presque tous ceux qui l'ont administrée, s'y sont enrichis; ses principes étaient faits de manière que l'on pouvait abuser tant qu'on voulait de la faculté de faire des billets.

Le ministre Calonne, par l'établissement de 70 millions d'actions de plus, discrédita le premier la Caisse d'Escompte, parce que ces actions n'ont jamais été déposées à cette Caisse, et que ce ministre en disposa à sa fantaisie, en les faisant remettre au trésor royal. C'est comme si un homme sans crédit et sans conduite eût dit à un banquier :

Je m'en vais faire pour 70 millions de billets à ordre que vous signerez pour moi. Je les négocierai pour en toucher l'argent, et vous les payerez si vous pouvez; et si vous ne le pouvez pas, vous n'aurez qu'à dire à ceux qui vous les présenteront, que l'argent est en dépôt chez moi, et que je les rembourserai quand je pourrai, ou quand je voudrai.

Après cette première atteinte portée à la Caisse d'Escompte, elle en reçut une plus forte encore au commencement de la révolution, car son coup de mort lui fût porté en 1789, par le directeur-général Necker, qui, d'accord avec les principaux administrateurs, fit créer pour 240 millions de billets à l'insu des autres actionnaires : quelque tems après, on donna des annuités pour les payer, lesquelles furent portées ensuite sur le grand livre.

Cette première faute de l'année 1789, est celle qui a ouvert la marche à tant d'autres qui n'ont servi qu'à détruire peu-à-peu les grandes ressources que la nation possédait alors. Le seul avantage qui en soit résulté, c'est qu'on peut se convaincre à présent que l'amour-propre, la cupidité, l'ignorance, la frivolité et la trahison ont agi de concert pour bouleverser la France avec beaucoup d'éloquence, car on ne saurait nier qu'il y a parmi nous des hommes qui ne portent leur attention qu'à la beauté d'un discours, et qui laissent échapper les choses sérieuses et utiles, pour ne s'attacher qu'aux images qui n'offrent rien de solide.

C'est à cause de ce grand défaut des Français, que les électeurs de l'année 1789 nommèrent tant de beaux parleurs députés aux Etats-Généraux. Il ne faut pas le dissimuler; l'Assemblée Constituante avait des hommes d'esprit, mais dont l'éloquence seule faisait tout le mérite, et qui, faute de connaissances en finances, ont fait rejeter un grand nombre de bons projets offerts par des citoyens probes et bons penseurs, pour faire adopter la forme perfide des assignats hypothéqués en masse sur toute la généralité des biens nationaux.

Mais si au lieu de cette manière vague d'offrir une responsabilité indéterminée, on eût hypothéqué sur un biens-fonds une certaine quantité d'assignats, dont le titre et les numéros eussent désigné sa valeur et fait reconnaître le nombre des billets appartenans à ce fonds, on n'aurait jamais pu abuser de la faculté de mettre des assignats en circulation, comme on l'a fait quand on en a fabriqué pour environ 50 milliards, lesquels cependant n'ont pas représenté à beaucoup près, les 3 milliards de papier solide qu'on aurait pu mettre dans le commerce, si l'on ne s'était pas laissé entraîner à l'ignorance des gens d'esprit ou aux insinuations des agens de l'Angleterre (1).

Les inconséquences de ceux qui ont dirigé l'administration des finances, ont produit des pertes si énormes, qu'il n'y a point de nation qui eût pu les soutenir; mais les Français les oublient comme des enfans; le danger est si peu de chose pour eux quand il est passé, qu'ils s'y exposent sans cesse; aussi les fripons sont tellement au fait de leur peu de prévoyance, qu'ils se rendent tous à Paris pour filouter dans le grand genre.

La cupidité des riches oisifs de cette capitale les rend si crédules, qu'un prétendu honnête homme persuada en 1789 à un grand nombre d'entr'eux de porter leur argent chez lui, et qu'il leur donnerait tous les mois un si gros intérêt, qu'ils toucheraient dans l'année une somme presque égale au capital.

Pour les bien persuader, il en paya un certain nombre pendant quelques mois, et alors ils ne manquèrent pas d'en parler à leurs amis. Ceux-ci coururent en foule porter leur argent chez l'honnête homme, dont l'air débonnaire affectait

(1). Voyez le modèle des Billets que j'avais proposés dans l'extrait de mon mémoire contre le projet du cit. Dupont de Nemours.

de n'en pas vouloir. Il fallait employer d'autres amis, à qui il affectait de faire des reproches de lui adresser tant de monde ; cependant après quelques sollicitations, l'argent était reçu.

Plusieurs avaient touché quatre mois, d'autres deux, un; et enfin l'honnête homme disparut, et ruina un assez grand nombre d'usuriers.

Il serait à souhaiter qu'il n'y eût que des maux de cette espèce dans les finances ; il en résulterait peut-être un bien, en ce que les usuriers se corrigeraient, et se contenteraient d'un intérêt légal.

La même année, quelques particuliers établirent à la rue des Filles-Saint-Thomas, des petits billets colorés, de 5, 10, 15, 20 et 25 francs. La nécessité obligea pour ainsi dire tous les marchands de les prendre, parce que les écus avaient disparu, depuis que l'opération du directeur-général des finances, Necker, discrédita les billets de la Caisse d'Escompte, ce qui influa sur les autres papiers-monnaie de la nation. Ces petits billets étaient payables en assignats; et comme ceux-ci étaient alors de grosses sommes, il fallait porter plusieurs petits billets de couleur pour obtenir un assignat. Cette Caisse se soutint pendant quelque tems, mais comme ses fondateurs faisaient de la dépense, et que l'on crut appercevoir qu'ils abusaient de la faculté de battre monnaie, on courut en foule pour se faire payer ; mais les régisseurs n'ayant plus d'assignats pour rembourser les petits billets émis, firent banqueroute.

Dans le courant de la même année, un des frères Monneron fit fabriquer en Angleterre, pour une somme assez considérable, de superbes pièces de 5 sols en cuivre, qui n'en valaient intrinséquement que 2. Leur empreinte portait en fort beaux caractères qu'elles seraient payées à vue en assignats, lorsqu'on en rapporterait pour 50 liv. Il inonda toute la France de ces pièces, et comme l'avilissement des assignats aurait fait perdre de trop fortes sommes à ceux qui les possédaient, personne n'en demanda le paiement. Que l'on juge, d'après cette licence d'un particulier, du bénéfice qu'il a dû retirer dans l'émission abusive de cette monnaie.

La liberté de tout faire impunément s'est tellement étendue depuis cette époque pour anéantir nos finances et l'organisation de toutes les parties de l'administration, qui avaient coûté tant de peines à établir, que rien n'a résisté aux moyens séducteurs de l'Angleterre. Les finances, l'agriculture, le commerce, les manufactures, la marine, les arts et même les sciences, tout a reçu les plus violentes secousses ; les efforts que les hommes bien intentionnés ont voulu employer pour opposer une barrière à ce torrent de crimes, n'ont pu rien faire, au lieu que toutes les choses destructives ont réussi au gré de ceux qui les ont mises en activité.

Je fis tous mes efforts, en ma qualité d'actionnaire de la Compagnie des Indes, pour refondre cette association en une Compagnie de commerce, par le moyen d'une Banque dont les administrateurs n'auraient jamais pu abuser dans leurs fonctions. Un des articles du réglement était conçu en ces termes :

« Lorsque les porteurs de billets pignoratifs (1) » voudront les effectuer en numéraire, ils trou» veront à volonté, dans les bureaux de la Com» pagnie, des traites sur Bâle, Amsterdam, Ham» bourg, Madrid et Philadelphie, au cours du » change et au même prix qu'avec de l'or, ou » bien en assignats au cours, qui leur procu» reront la faculté d'acheter de l'argent à la bourse » en sommes égales à celles des billets pignoratifs, » rapportés à la Caisse ».

Ce seul article fait voir qu'une Banque semblable eût été bien solide, puisque le public ne pouvait jamais être trompé par l'émission d'un plus

(1). On appelle Billet pignoratif, un billet hypothéqué sur une maison.

grand

grand nombre de billets que ceux désignés par les numéros et fixés par la valeur de chaque maison, indiquée sur ces billets; mais le malheur voulut qu'après avoir réuni un certain nombre d'actionnaires de la Compagnie des Indes, tous propriétaires de maisons dans Paris, et plusieurs autres possesseurs de biens semblables, il sortit un décret de la Convention, pour défendre la vente de l'argent, ce qui arrêta l'exécution de ce projet, en paralysant l'article que je viens de citer.

Cette loi me fit naître dès-lors l'idée que la faction anglaise surveillait toujours nos finances.

Quelque tems après, on entendit parler de l'établissement d'une Caisse des Comptes Courans, projettée par le cit. Monneron, sous les auspices de quelques capitalistes.

Cet établissement n'offrit d'abord aucune idée d'émission de papier-monnaie. On eut soin d'en cacher le dessein, jusqu'à ce que des capitalistes, intéressés dans cette affaire, l'eussent fait savoir au commerce, afin d'engager par-là divers négocians à les imiter, en déposant leur argent dans cette Caisse; c'était même le moyen de se faire une réputation à la Bourse, que d'être connu pour y avoir un crédit ouvert.

Mais lorsque les principaux auteurs de cette Caisse crurent avoir assez de fonds pour établir des billets, qu'on eut grande attention d'appeler billets de Caisse, afin de ménager la mauvaise opinion qu'offrait le nom de papier-monnaie, on commença par en faire un nombre suffisant pour escompter des billets à ordre.

La suite des opérations de cette Banque a fait voir qu'au lieu de faire diminuer l'intérêt de l'argent, elle a fait un effet contraire. Il n'y avait que les personnes très-riches et les intéressés à la Caisse qui pussent y obtenir la faculté d'y faire escompter leurs papiers à un intérêt modique ; eux seuls en retiraient de grands profits, parce que le crédit qu'ils avaient sur la Caisse à demi pour 100 par mois, leur servait à faire l'agiotage et l'usure à un taux exhorbitant, puisqu'ils ont porté l'intérêt jusqu'à 3 pour 100 par mois. Cette Caisse n'a donc servi qu'aux gens riches, en ruinant les pauvres par une usure qui a désorganisé la marche de toutes les transactions, et qui a arrêté en même tems l'agriculture, les manufactures et les arts ; et rassurément ceux qui les exercent, sont bien plus espectables que cette classe de riches usuriers qui se qualifient du beau titre d'hommes en crédit, lorsqu'ils ne devraient avoir que celui d'oppresseurs. Supposons que ceux qui ont formé cet établissement aient eu des vues droites, ne devaient-ils pas prévoir ce qui leur est arrivé par la conduite de

Monneron ? S'il n'est pas coupable du déficit dont on l'accuse, il doit sûrement y avoir quelqu'un qui l'a occasionné. Qui-est-ce qui peut mieux le savoir que ses régisseurs ? N'était-ce pas eux qui devaient en répondre ?

On voit donc clairement par tous ces événemens que la mauvaise administration des Banques de cette espèce, finit par faire disparaître la valeur des actions déposées en argent, par la raison qu'on abuse toujours de la faculté de battre monnaie. C'est une mine d'or qui ne s'épuise que par sa trop grande abondance.

Le gouvernement, pour tranquiliser le public, ne devrait donc plus permettre de former de semblables établissemens, qu'en exigeant des garanties réelles, pour fixer le nombre des billets en circulation.

Ces garanties devraient être des biens-fonds estimés, dont le nombre des billets numérotés indiquerait, d'une manière précise, la quantité qu'il y en aurait sur tel ou tel bien. Cette manière d'hypothéquer spécialement un certain nombre de billets sur un bien-fonds, arrêterait la fraude dont on n'a d'éjà fait que trop d'usage.

En voyant le modèle des billets que j'avais proposés à l'Assemblée Constituante, l'on reconnaîtra aujourd'hui que ces billets subsisteraient encore sans discrédit, s'ils eussent été accueillis ; mais la perte de nos finances était décidée dès ces tems-là (1).

Les suites fâcheuses des Banques dont je viens de parler, avertissent donc des précautions qu'on doit prendre pour prévenir les manœuvres sourdes de ces sortes d'établissemens; car toutes les fois qu'il n'y aura pas de garantie de la part des actionnaires, les fortunes des autres particuliers ne seront pas en sûreté; et malgré le grand étalage de la richesse et de la probité des fondateurs et des administrateurs qui les dirigent, il est fâcheux de ne voir en eux que des hommes; et par malheur pour l'humanité, l'expérience nous apprend sans cesse qu'il est prudent de s'en méfier comme s'ils étaient tous de mauvaise foi. Ainsi, tous ceux dont on vante tant les vertus, doivent être mis à de fortes épreuves avant de mériter une entière confiance; on donne trop facilement cette réputation à des négocians riches, et presque toujours parce qu'ils payent leurs billets et lettres-de-change avec exactitude; mais si l'on fait attention qu'il est de leur intérêt de le faire pour conserver leur crédit, on verra que ce genre de probité est une vertu de considération.

---

(1). Piéce justificative, page *48*.

Jean-Jacques Rousseau, à qui je vantais beaucoup la grande probité d'un homme, me fit cette question : *A-t-il traité avec vous en affaires d'intérêt, ou avez-vous été rivaux ?* .... — Non. *Hé bien*, répliqua le philosophe, *vous avez tort d'en parler avec tant d'éloges et de confiance ; l'âge vous apprendra qu'il ne faut louer les hommes que d'après leurs actions multipliées et constantes de probité, d'honneur, de valeur ou de générosité.*

Rien ne se propage plus, en effet, que la réputation d'honnête homme, sur-tout dans la bouche des jeunes gens, à qui une éducation douce forme le cœur à croire trop facilement et trop généralement à la probité des hommes. Les fripons, par leur adresse, ont grand soin d'avancer qu'il y a beaucoup d'honnêtes gens; cette affectation est plus marquée chez eux, que parmi ceux qui ont vraiment de la probité : mais, par un malheur insigne, que la nature réunit à tant d'autres autour de l'humanité, on a la douleur de voir, lorsqu'on a long-tems vécu, que rien n'est plus commun que la mauvaise foi. La grande probité entraîne à la confiance, mais ses suites fâcheuses apprennent combien on doit se méfier des hommes quand on traite avec eux. Les ambitieux, les avares et les pauvres, parmi lesquels on trouve beaucoup de mauvaise foi, convoitent sans cesse les richesses; c'est là où il y en a le plus qu'ils se portent en foule, et c'est par cette raison que quand on ne les surveille pas, leur cupidité se fixe par tout où ils peuvent la satisfaire; il faut donc, pour établir une Banque, employer tous les moyens propres à faire le bien général, et prévenir les maux que pourrait occasionner l'arrière pensée de ceux qui ne cherchent que leurs profits particuliers; il faut, pour cela, fonder les moyens d'exécution sur le choix des opérations que l'expérience et la saine raison peuvent indiquer; et comme toutes les Banques que j'ai citées ont écroulé par une même cause, il y aurait de l'imprudence à s'en servir encore, et à ne pas bannir tout ce qui pourrait y avoir quelques rapports.

Or, si la Banque de France est fondée sur ce même principe abusif qui a perdu la Banque de Law, la Caisse d'Escompte, les Assignats, l'établissement de la rue des Filles-Saint-Thomas, et menacé la Caisse des Comptes Courans d'une pareille chûte, il est indubitable que la Banque de France subira tôt ou tard le même sort, à moins qu'on n'emploie d'autres moyens propres à résister aux abus; si on ne le fait pas l'intérêt personnel de ceux qui l'administreront y introduira les mêmes fraudes, pour peu qu'on leur en laisse les moyens. On aura beau me dire que l'on ne choisira que des hommes d'une bonne réputation, bien connue, et que dailleurs ils seront surveillés par d'autres; je répondrai que le surveillant étant un actionnaire de la Banque, aura le même intérêt que le surveillé, et qu'alors cette surveillance devient illusoire; je répondrai encore que ce sera des hommes comme étaient tous ceux qui avaient été également choisis pour diriger et surveiller les autres Banques; cependant leur conduite nous a prouvé que la seule réputation d'honnête homme et la prétendue surveillance n'ont pas suffi.

Toutes ces dilapidations proviennent plus de la part de ceux qui ont formé ces établissemens, que de la part de ceux qui en ont fait leurs profits; les premiers ont donné accès aux moyens d'abuser, en abusant vraisemblablement eux-mêmes; et comme les hommes sont et seront ce qu'ils ont toujours été, il faut agir aujourd'hui comme l'expérience nous prouve qu'on aurait dû le faire dans les tems qu'on a formé toutes ces Banques écroulées.

Si la conduite passée ne nous sert pas de leçon pour mieux agir dans notre conduite présente et future, nous aurons à redouter l'épuisement général de nos finances; et, par une suite nécessaire de maux, on aurait à craindre de voir renaître ces tems désastreux de la France, où les peuples du Nord portèrent successivement le ravage, l'incendie et le meurtre, dans toutes les villes et les campagnes de notre territoire ; car si tous ces malheurs nous arrivaient, n'aurions-nous pas à redouter le démembrement de la France, comme nous venons de voir celui de la Pologne ? Ne sait-on pas que le moyen sur lequel l'Angleterre fonde le plus ses espérances pour y parvenir, ne soit établi sur les trahisons dont elle a toujours fait usage et qu'elle employe encore aujourd'hui. Les 500 mille livres sterlings qu'on accorda en Angleterre au ministre Pitt, pour dépenses secrètes, précisément à l'époque ou la Banque de France s'établissait, annoncent des desseins perfides qui semblent se diriger sur cette Banque, afin de la faire établir de manière à la faire écrouler comme les autres. Qu'on soit donc persuadé que ce ministre ne manquera pas d'agir pour corrompre ; il ne faut pour cela qu'un homme adroit, sur-tout de beaucoup d'esprit, car l'esprit en France étouffe toujours la raison.

L'égard honnête qu'on doit avoir pour chaque individu, n'interdit pas la méfiance sur le grand nombre ; soutenir le contraire, serait une erreur qui en entraînerait mille autres.

A quoi serviront les efforts et le courage indestructibles des Français, si les moyens de nourrir des armées, par le secours des finances, nous manquent ? Peut-on douter que le ministre anglais ne nous harcèle de tous les côtés par la perfidie de ses moyens ? Qui peut ignorer qu'en même tems qu'il fait agir la trahison dans l'intérienr de la France, il ne mette en usage tous les moyens d'entretenir la guerre au déhors, et toujours par les fortes sommes répandues de toutes parts ? mais cette imprudente conduite épuisera tellement les fonds de l'Angleterre, qu'il arrivera un jour que, pour couvrir les erreurs de son administration, il faudra aussi qu'il fomente tôt ou tard une révolution dans sa patrie, pour jeter un voile impénétrable sur ses opérations. Voilà comme quelques fois, les ministres sacrifient les nations, pour ne pas laisser voir les traces de leurs erreurs.

Si l'intérêt, l'envie et l'amour-propre ont eu part à tous les maux de la révolution, la faction anglaise a été le mobile qui a le plus contribué à faire agir toutes ces passions au gré de ses desirs.

Son but était d'anéantir notre commerce, elle a fait mouvoir des agitateurs gagés qui, n'ayant rien à perdre, avaient tout à gagner.

Nous avons vu particulièrement des hommes d'une contrée où l'on est plus Anglais que Français, jouer les principaux rôles, et se masquer sous différentes formes; mais leurs vues malfaisantes n'échappaient qu'aux yeux du vulgaire peu clairvoyant.

Si l'on voulait connaître les principaux acteurs de cette faction, il ne faudrait que faire la recherche de ceux qui, dans les débats des différentes Assemblées, Constituante, Législative ou Conventionnelle, ont fait détruire nos richesses, nos colonies, notre commerce et nos finances. C'est là qu'on verrait une très-forte présomption égaler presque l'évidence.

De tous les hommes qui se sont le plus occupés à découvrir les auteurs de cette faction, les députés de Saint-Domingue étant les plus intéressés à la surveiller, sont ceux aussi qui la connaissent le mieux; ils étaient grands propriétaires.

Nous avions des hommes intelligens, dévoués à notre cause, et qui nous rendaient compte de tout ce qui se passait, en 1789 et 90, dans Paris et à Londres; d'une autre part, nos commettans nous écrivaient tout ce que fesait la faction contre notre malheureuse colonie. Par tous ces éclaircissemens, il nous était facile de distinguer dans l'Assemblée et aux Jacobins les vrais agitateurs, et toutes les nuances des membres bien ou mal intentionnés. Nous distinguions ceux qui pensaient plus à leurs intérêts qu'à ceux de la nation; ceux qui épousaient tel ou tel parti sans jugement; ceux qui, par insouciance, laissaient tout faire; ceux qui variaient dans leurs principes; et enfin ceux qui, s'étant laissés tromper dans un tems, revenaient de leurs erreurs.

Nous étions si occupés à repousser nos ennemis, que la faction anglaise était parvenue à nous empêcher de parler; elle nous eût empêché de penser, si cela eût été en son pouvoir, mais cette faculté augmentait au contraire, en raison des difficultés qu'on nous opposait; nous devinions si bien les intentions de nos adversaires, que tout ce que nous avons prédit à la France ne s'est malheureusement que trop réalisé.

Pendant que mes collègues s'occupaient de leur côté à défendre les intérêts de la colonie, j'employais mon tems à observer les finances et les atteintes qu'on y voulait porter.

Je m'apperçus dès le commencement de la révolution, que cette partie était la plus convoitée par nos ennemis; je reconnus que la faction anglaise était la cause secrète de l'établissement des assignats portant hypothèque générale, afin de pouvoir les faire en nombres indéfinis, et donner par là beau jeu à tous les intrigans, pour puiser à volonté le produit des grandes richesses que nous possédions à cette époque en biens nationaux. Les prétendus financiers travaillaient de leur côté pour avoir leur part dans la distribution de ces biens; un des mémoires qui parut leur être le plus favorable, fut celui que répandit le citoyen Dupont de Nemours, dont les intentions étaient pûres, mais dont l'exécution du projet qu'il offrait, ne pouvait servir qu'à pallier et couvrir les grandes dilapidations de la Caisse d'Escompte (1).

Les bons penseurs prévoyaient déjà les grands maux qu'on nous préparait, parce que tout le monde pouvait juger que la France était vendue, par les 2 millions sterlings que le Parlement d'Angleterre accorda au ministre Pitt pour dépenses secrètes; il fallait vraiment être inepte, d'après ce fait réuni aux mauvaises intentions de quelques membres de l'Assemblée Constituante, et à toutes les intrigues que les conspirateurs ne cachaient pas, pour ne point lire dès-lors la perte de nos finances, et par suite celle de la France.

Les traces des maux qui se préparent aujourd'hui en établissant une Banque plus étendue que toutes les autres, avec les mêmes principes destructeurs des précédentes, annoncent que la fac-

(1). La réfutation de ce mémoire en 1789, est à la page On y verra combien la France eût prospéré, si l'on eût tiré parti des 3 milliards effectifs de biens nationaux, de la manière qui y est indiquée.

tion anglaise n'est pas encore détruite, et qu'elle pourrait devenir un parti dominant si l'on ne songeait à détruire les trames qui pourraient enlasser ceux qui dirigent nos finances, et cela fort innocemment et sans qu'ils s'en doutassent.

Si le passé sert de leçon pour l'avenir, on pourra avoir égard à mes représentations; il y a d'autant plus lieu de l'espérer, que jamais le gouvernement de France n'a montré d'aussi heureuses dispositions.

Craignons donc pour notre sort; craignons surtout cette correspondance étrangère, que les régens de la Banque ont adoptée d'une manière si étendue. Ceux qui n'apperçoivent que leurs intérêts momentanés, me répondront peut-être que j'avais proposé moi-même ce moyen dans le prospectus de la Compagnie de Commerce, avant l'anéantissement des assignats, comme on l'a déjà vu à la page 16. J'aurai à leur répondre qu'à cette époque nous levions des contributions considérables en pays conquis, et que pour faire entrer la plus grande partie de cet argent et empêcher qu'il n'en sortît, j'avais offert d'établir des Banques au dehors de la république, par des propriétaires de maisons des villes étrangères de commerce, afin qu'en faisant refluer ces espèces en France, nous eussions pû nous trouver débiteurs d'argent réel, plutôt que créanciers de papiers, et qu'en faisant passer des marchandises de nos manufactures, nous eussions pu nous solder avec ces Banques du dehors. Il faudrait lire ce prospectus pour bien concevoir ce développement (1).

La correspondance de la Banque de France avec les riches maisons étrangères qu'elle veut choisir, devient aujourd'hui d'autant plus dangereuse que ces prétendus riches négocians à qui elle ouvrirait des crédits, se trouvent fort souvent n'avoir autre chose que des apparences de richesses, dirigées avec beaucoup d'adresse. On en voit tous les jours s'élever par le moyen d'un premier fonds, qui souvent ne leur appartient pas, étendre leurs affaires au moyen du crédit, et faire accroire au vulgaire qu'ils sont fort riches, tandis qu'ils doivent plus qu'ils n'ont de capitaux; les faillites le prouvent assez souvent.

Ce serait donner beau jeu en effet à l'Angleterre que de lui fournir les moyens de faire des reviremens propres à se faire rembourser par nous mêmes, de toutes les sommes qu'elle a prêtées à l'empereur,

---

(1). A cette époque le général Menou avait pris jour avec le ministre des finances pour m'y présenter; mais ce rendez-vous n'eut pas lieu à cause des affaires du ministre qui ne lui permirent pas de nous voir.

et qui ont servi à nous faire la guerre ; elle ne manquerait pas d'établir 20, 30, 40 maisons de cette espèce dans l'intérieur de la France comme au déhors, pour nous faire payer notre imprudence par des banqueroutes inattendues, mais préméditées par le ministre anglais.

Voilà comme le peu de réflexions de ceux qui forment des projets de Banque avec des idées empruntées sur d'autres plans, les arrangent de manière à n'envisager que l'intérêt des associés, sans réfléchir aux maux qui peuvent arriver au reste des négocians, et à la nation entière.

Ne doutons pas, j'en reviens toujours là, que l'Angleterre ne voie avec peine, le point de prospérité où nous pouvons atteindre, au moyen d'une Banque solidement établie et soutenue par les bons principes du gouvernement actuel.

La Compagnie de Change ne devait établir sa correspondance qu'avec les principales villes de commerce de chaque département, parce que les circonstances des tems ne permettaient plus d'établir une correspondance étrangère.

Le moyen d'activer notre commerce, par des tirages réciproques de lettres-de-change, est une idée neuve d'autant plus avantageuse, que tous les particuliers eussent trouvé dans nos bureaux, des lettres-de-change solides et que la Compagnie recevant toujours de l'argent pour les tirer, n'auraient jamais pû vider ses coffres. Les recettes de la république eussent passé à la volonté du gouvernement dans toutes les parties où il en aurait eu besoin ; je ne crois pas que ceux qui ont donné cette idée à la Banque de France puissent en disputer la priorité à la Compagnie de Change.

Un autre moyen pris encore dans cette Compagnie est celui de faire trouver dans les coffres tout l'argent necessaire à former les premiers fonds, sans avoir besoin de faire des actions, n'y obliger les intéressés d'en fournir, sans même qu'il en coûte aucun sacrifice à l'état, puisqu'il n'était question, dans la pétition que nous devions présenter au gouvernement, que de s'éntendre avec le ministre des finances pour ordonner aux receveurs de nous délivrer l'argent de leurs recettes en échange de nos billets.

Ces billets hypothéqués spécialement sur chaque bien, dont le nombre aurait été déterminé par la valeur du bien estimé, on en aurait formé autant de séries ; et comme chaque série eût contenu autant de billets numérotés qu'il en aurait fallu pour former la somme de cette valeur estimée et portée sur ces billets, ces numéros eussent fait voir au public d'une manière évidente, qu'on ne pouvait pas abuser

abuser de la faculté d'en faire un de plus, attendu que tous les billets d'une série eussent été de sommes égales.

Le gouvernement ne courait donc aucun risque en nous délivrant en échange de ce papier, l'argent de ses recettes, que nous eussions uniquement destiné à payer les billets mis en circulation.

Les auteurs de la Banque de France ont bien senti le parti qu'on pouvait tirer de ce moyen; aussi l'ont-ils employé avec succès; mais au lieu de donner des sûretés réelles, comme nous, pour répondre à l'état, des sommes qui eussent été versées dans nos coffres, ils n'offrent, pour répondre de celles qu'on leur a délivrées, que des richesses apparentes, qu'on pourrait considérer comme des choses sûres, si les faillites ne nous faisaient voir trop souvent combien on y doit peu compter.

Il n'y a cependant que cette apparence douteuse qui a contribué, plus que tout autre motif, à leur faire délivrer 5 millions d'une part, et le produit des Loteries formant un capital encore plus considérable de l'autre.

J'ai toujours considéré toute association formée par des actions de l'espèce de celles dont on fait usage dans ces Banques, comme très-dangereuses; elles peuvent favoriser les vues clandestines de ceux qui les forment, attendu qu'on peut en vendre aux uns et en distribuer gratuitement à d'autres, de sorte que ceux qui les achètent aveuglément, forment les sommes nécessaires aux opérations; et que ceux qui ne mettent rien, partagent les bénéfices avec eux.

Lors qu'une Banque a suffisamment de numéraire, au moyen des recettes du gouvernement, à quoi bon, en effet, établir des actions; et alors pourquoi le gouvernement livrerait-il son argent à des hommes qui n'offrent aucune garantie réelle? Ils ont du crédit, dira-t-on, cela seul vaut de l'argent. J'entends faire ce conte tous les jours à des banquiers, comme si des propriétaires n'obtiendraient pas comme eux, le crédit qu'on accorde à tous ceux qui possèdent des richesses.

Je soutiens contre cette assertion, que jamais Banque n'aurait un crédit plus solide, que celle dont les billets seraient toujours payés à vue et garantis par des biens-fonds qui en fixeraient le nombre, afin de ne pouvoir jamais abuser de la faculté d'en faire.

Voilà le moyen de trouver un crédit certain et invariable. Pourrait-on en dire autant du crédit éventuel des banquiers? non sans doute; soutenir le contraire serait absurde.

Le mélange des actions de la Caisse des Comptes

Courans avec ceux de la Banque de France, offrirait des difficultés à ceux qui voudraient la refondre; si on laissait trop étendre ses opérations, on aurait plus de peine à simplifier son organisation, qu'en s'en occupant de bonne heure.

S'il n'y a eu que des intentions pures dans cette association, comme il y a tout lieu de le croire, l'opération prise de bonne heure, ne sera ni longue ni difficile; mais si au contraire, ce que je ne crois pas, on eût abusé des moyens qu'on a eu de porter les actions au-dessus de leur vraie valeur, le gouvernement aurait droit de revenir là-dessus. Supposons, par exemple, que le crédit de la Caisse des Comptes Courans se fût trouvé dans un état douteux, il y a un an, et que ses actions qui, dans l'origine, valaient 5000 fr., eussent été réduites à ne plus valoir que 1000 fr., et qu'au lieu d'un capital de 4 millions effectifs, son fonds se fût réduit à un seul million.

Son fonds n'eût donc été que d'un million pour former 1000 actions dans la nouvelle Banque. Le gouvernement de son côté ayant fait verser 5 millions pour avoir 5000 actions de 1000 fr., devrait avoir dans la Banque 5 sixièmes d'intérêt, parce que le capital, composé de ces deux mises, formerait une somme de 6 millions de fonds, laquelle aiderait à mettre 24 millions de billets en émission parce que les Banques peuvent mettre facilement quatre capitaux en émission, pour un en caisse, sans craindre de la vider, sur-tout lorsqu'elles sont fort étendues.

Supposons que ce fût après cette association faite, que la Caisse des Comptes Courans eût fait rembourser ses propres actionnaires avec les billets de la société, sur le pied de 4200 fr. par action; que résulterait-il de cette supposition? c'est que ces actionnaires seraient redevables envers la Banque de 3200 fr. pour chacune d'elles. Cette conséquence est assez simple pour voir clairement, que si les premières opérations de la Banque commençaient avec de pareilles dispositions, le gouvernement perdrait insensiblement ses revenus en les plongeant dans un dédale, d'où l'Angleterre seule saurait les retirer.

Si la Banque eût favorisé de cette façon tous les actionnaires de la Caisse avec les billets de cette société, sur le pied de 4200 fr. par action, au lieu de 1000 seulement, que je suppose ici leur être dû, ils se seraient procuré la faculté d'augmenter leur intérêt de 3200 fr., et d'obtenir, par ce moyen, quatre actions, au lieu d'une, avec 200 fr. encore en sus; et en agissant toujours de la même façon, les régisseurs pourraient tellement augmenter leur part, que, malgré que le gouvernement aurait fourni la plus grande, il finirait insensiblement par n'avoir que la plus petite, et cela par la raison que l'établissement des actions où il n'en faut pas, donne trop d'accès à la mauvaise foi; voici comme cela se prouve :

Je suppose toujours, que la Banque fît un appel de fonds, par le moyen ordinaire des actions, et qu'un de ses régisseurs qui doit naturellement y avoir un grand crédit, tirât sur elle pour 100,000 fr. de mandats, et que même, dans le cas qu'il fallût porter de l'argent pour obtenir ces actions, il fût les convertir en écus à la Caisse de la Banque.

— Alors, cet argent lui servirait à lui procurer 100 actions sans avoir rien déboursé.

Si d'autres régisseurs ayant les mêmes facultés, disposaient également des fonds de la Banque, on finirait par trouver le moyen de faire entendre au gouvernement que les actionnaires auraient fait des mises d'écus plus fortes que les siennes, tandis que les fonds réellement versés par lui, n'auraient servi qu'à favoriser des illusions pareilles à celles des soldats de théâtre, à qui l'on fait faire le tour des coulisses, pour jouer le simulacre des armées nombreuses de Xerxès.

Tout le monde ne connaît pas les rubriques dont les affaires de cette espèce sont susceptibles; on ignore trop généralement, combien celles des finances sont plus astucieuses que celles de la chicane; une longue expérience m'a appris à les dévoiler; car chaque fois que j'ai donné quelques projets de finance à l'ancien gouvernement, on ne les a jamais exécutés, sans que l'intérêt de ceux qui opéraient ne les eussent altérés, en y introduisant des moyens propres à satisfaire leur cupidité, et depuis la révolution que n'avons nous pas vu dans ce genre!

Quoiqu'il en soit, il est prudent de considérer toutes ces suppositions comme des choses possibles, et d'agir comme si elles fussent vraies.

Les malheurs s'enchaînent, et nous entraînent à grands pas vers l'abîme qui pourrait engloutir notre commerce; c'est faute de surveiller nos finances, et sur-tout les financiers, que la France s'est écrasée; c'est par les finances encore qu'elle acheverait de se perdre, si l'on n'y portait la plus grande attention.

Je ne dois et ne puis parler ici qu'un langage qui consiste à ne rien taire sur les grandes mesures à prendre pour éviter des dangers à la patrie; il faut donc que, pour le salut de tous, la Banque de France s'établisse d'une manière stable, afin qu'elle puisse opérer le bien général dont elle est susceptible, en empêchant que l'intérêt particulier ne la perde ; c'est pour y parvenir que je crois indispensable que le gouvernement, comme le plus fort actionnaire de la Banque, nomme des commissaires afin d'examiner :

1°. Dans quel état était la Caisse des Comptes Courans avant sa réunion à la Banque de France, et quel était son argent effectif, le nombre de ses actions, celui des billets à vue émis ou à émettre, ainsi que les effets en porte-feuille, non pas sur des feuilles volantes, mais sur des piéces originales.

2°. Rechercher comment on a effectué le remboursement des actionnaires de la Caisse des Comptes Courans, pour les payer sur le pied de 4,200 fr. par action.

3°. Savoir, d'une manière précise, s'il y a eu un appel fait aux actionnaires, et quelles sont les sommes qu'on a versées pour les réaliser ?

4°. Faire les recherches les plus exactes sur tous les livres de l'une et de l'autre Banque, pour savoir comment chaque actionnaire de la Caisse des Comptes Courans a payé les actions de la Banque de France.

5°. Examiner très-scrupuleusement la manière dont les receveurs généraux ont fait leurs fonds, leurs recettes, et ensuite leurs paiemens à la trésorerie.

6°. Se faire rendre compte des 20,780,327 fr. de billets de 1000 fr. et 500 fr. dont les régisseurs de la Banque ont fait usage avant d'émettre les nouveaux billets.

7°. De rendre compte également de l'emploi des 6 millions de nouveaux billets de 1000 fr., mis depuis peu dans la circulation.

8°. Rendre compte des 5 millions versés à la Banque pour former 500 actions inscrites au nom de la Caisse d'Amortissement, en vertu de l'arrêté du 28 nivose an 8.

9°. Rendre également compte des sommes provenantes des actions de la Banque de France.

10°. Rendre aussi celui des sommes versées en vertu d'un arrêté du 15 ventose dernier, par la Caisse des réserves de la Loterie Nationale.

Quand ce compte sera rendu, rien ne sera plus facile que de changer les formes pour en substituer de nouvelles, afin de ne laisser exister aucun des moyens abusifs qui ont toujours fait échouer ces sortes d'établissemens.

Si quelqu'un a un droit effectif de parler avec autant de vérité, ce doit être sans contredit celui qui a de justes réclamations à faire sur des moyens qui ne servent aujourd'hui qu'à enrichir des hommes déjà trop puissans, et qui, possédant tous les réglemens de la Compagnie de Change, n'en font usage qu'en les mêlant avec ceux de la Caisse des Comptes Courans dont malheureusement les principes sont trop dangereux, pour n'avoir pas des craintes bien fondées sur le sort de la Banque de France.

Négocians, banquiers, manufacturiers, artistes, marchands, et vous sur-tout, propriétaires fonciers, votre sort dépend de celui d'une Banque bien ou mal organisée. « *Osez tout ce qui est bien,* » *vengez le commerce, et servez la patrie!* » sont les sages mots du préfet de la Seine-Inférieure, dans sa lettre écrite aux négocians de son département. Il est très-urgent de suivre un conseil aussi salutaire, en employant toute votre surveillance pour conserver votre bonheur : vous avez une patrie, un gouvernement, des lois et vos propriétés à conserver; vous n'êtes plus dans les horreurs de l'anarchie, ni sous le gouvernement despotique de l'hydre qui se dévorait elle-même, et dont les différentes têtes eussent tout englouti, si une main habile n'en eût arrêté les funestes effets.

Surveillons nos ennemis, car il en est encore dans l'intérieur de la France; je vois avec douleur, d'après les dangers qui semblent se manifester, que nous ne sommes pas encore à la fin de nos maux. S'il est cruel de le dire, il est bieu plus douloureux pour l'humanité d'appercevoir un homme, parmi les nations policées, se diriger dans sa conduite comme le chef d'une horde d'Abissinie, qui détachait ses meurtriers pour faire assassiner les rois qu'il désignait, lorsqu'il avait quelques différends à démêler avec eux.

Le ministre anglais, non content d'avoir fait noyer, par son cannibale Carrier, des peuplades entières de tisserans de la Vendée, pour détruire une concurrence de fabrication de toiles de Bretagne avec celles d'Irlande, paraît encore persister dans ses affreux desseins, et porter ses regards sur nos finances, préméditant, par là sans doute, de renverser le gouvernement actuel.

Je dois observer à mes concitoyens que, s'ils ne portent la plus grande surveillance, en fixant l'attention sur les restes impurs de sa faction, ils doivent craindrè que ce vieil de la montagne, après avoir fait tomber notre commerce, notre marine, nos manufactures, nos villes les plus opulentes, nos colonies, et fait assassiner les plus riches particuliers de la France, n'achève par faire détruire les hommes par les hommes, et les nations par les nations, pour élever la sienne sur les ruines de toutes les autres, au danger même de l'anéantir, en la sacrifiant à son orgueil et à sa cruauté.

STATUTS ET RÉGLEMENS

Qui avaient servi à la formation de la Compagnie de Change.

Moyen d'en faire usage pour reformer la Banque de France, en se conformant aux Observations qui suivent les Articles.

TITRE PREMIER.

Conditions des intéressés.

Article Premier.

Cette Compagnie, formée sous le titre de Compagnie de Change, établira la principale résidence de ses bureaux à Paris, rue des Capucines, n°. 121. Sa durée sera déterminée dans un comité composé des plus forts intéressés, qui seront nommés à cet effet par une assemblée générale.

Observation.

La Banque de France conservera son même titre et sa résidence actuelle ; sa durée ne sera point déterminée ; l'on pourra se conformer, à cet égard, aux réglemens quelle doit avoir.

ART. II.

Cette association sera composée de propriétaires de biens-fonds, tant de Paris, que des autres villes de la république.

OBSERVATION.

Il faudra réformer de la Banque de France tous les actionnaires qui n'auront pas de biens-fonds, ou exiger qu'ils s'en procurent avec le montant de leurs actions.

ART. III.

Elle fera le change; et lorsque les tirages ne suffiront pas pour employer ses fonds, elle pourra faire l'escompte, et prêter sur hypothèque.

OBSERVATION.

Cet article est bon à conserver.

ART. IV.

Cette Compagnie établira divers comptoirs organisés dans la même forme que la Caisse Mère de Paris, dans les villes suivantes, savoir : à Rouen, au Hâvre, Dunkerque, Lille, Bruxelles, Strasbourg, Orléans, Nantes, Nevers, Dijon, Lyon, Grenoble, Marseille, Nismes, Toulouse, Port Mâlo, La Rochelle, Bordeaux et Bayonne.

OBSERVATION.

Il est essentiel de n'établir ces correspondances que dans l'intérieur de la république, et se garder de l'étendre au dehors, par les raisons dévelopées aux pages 16 et 29.

ART. V.

On deviendra intéressé dans cette Compagnie, en souscrivant l'obligation d'hypothéquer un bien, et en recevant une expédition de la cédule portée sur les registres de la Compagnie, qui constatera le prix du bien hypothéqué, son lieu, et les droits du propriétaire au partage des bénéfices de la Banque.

ART. VI.

Les propriétaires continueront, malgré l'engagement des immeubles, de jouir de leurs revenus, sans que la Compagnie puisse avoir aucun droit d'y prétendre; mais ils auront soin de les entretenir, afin que leur valeur n'éprouve aucune diminution pour leur responsabilité.

Art. VII.

Les bénéfices que donnera le change seront répartis entre les propriétaires, en raison de la valeur des biens-fonds, ou de tant par action.

Art. VIII.

Les propriétaires intéressés à la Compagnie auront un crédit ouvert sur ses livres, jusqu'à la concurrence de la moitié de la valeur de leurs biens-fonds, moyennant demi pour cent par mois, dont ils seront débités à compter du jour de l'acceptation de leurs mandats ou autres effets quelconques; mais avant cette acceptation, il faudra qu'ils déposent à la Compagnie, des actions de valeur double de celle desdits effets à accepter.

Observation.

Si cet article ne convient pas à ceux qui désireraient avoir un crédit plus étendu, il convient infiniment à la sûreté publique; d'ailleurs, on peut l'étendre d'avantage par le moyen des triples signatures exigées de tous les négocians.

Art. IX.

Lorsque les propriétaires intéressés voudront transférer le produit de leur dividende en faveur d'un tiers, ils enregistreront leurs procurations sur les livres de la Compagnie, en même tems qu'ils transféreront les actions pour autoriser le porteur à recevoir sa part au dividende. Par ce moyen, ils pourront dégager leurs biens de toute hypothèque étrangère à celle de la Compagnie, et jouir paisiblement de leurs revenus.

Art. X.

Le propriétaire qui aura ainsi cédé à un créancier tous ses droits au dividende, cessera d'obtenir le crédit accordé aux autres propriétaires; mais s'il lui reste encore des actions, il aura du crédit, en déposant de ces actions en somme double de celle dont il aura besoin.

Art. XI.

Les propriétaires seront libres, pendant tout le tems que durera l'organisation de la Compagnie, de retirer leurs biens, moyennant les formalités qui seront indiquées dans les réglemens à faire. Ces biens n'y seront engagés que quand les propriétaires en auront reçu le montant en actions.

TITRE II.

Des actions.

Article Premier.

La Compagnie commencera par établir 6000

actions de 3000 francs qui, seront conformes au modèle suivant :

N°. en chiffres. *B. P. 3000 fr.*

ACTION DE LA COMPE DE CHANGE.

Le Porteur est intéressé dans la Compagnie de Change pour une portion d'intérêt de 3000 francs.

A Paris, le *an*

Nomination et estimation du bien hypothéqué.

N°. en toutes lettres.

Observation.

OBSERVATION.

La Banque de France pourra étendre le nombre de ses actionnaires fort au-delà de ce terme.

ART. II.

Ces actions représenteront les parties d'un contrat de la valeur totale d'un bien-fonds; lorsque les possesseurs de ces actions voudront les transférer à l'ordre d'un tiers, ils se transporteront à cet effet au bureau des transactions de la Compagnie, qui les endossera et enregistrera avec le nom de l'ancien et du nouveau possesseur, qui signeront sur les registres dudit bureau.

ART. III.

Lorsque les revers des actions ne pourront plus contenir d'endossemens, on les fera renouveller dans les bureaux de la Compagnie, après quoi, elles seront bâtonnées et frottées à l'eau seconde colorée.

ART. IV.

Ces actions, ainsi bâtonnées ou biffées, seront mises en liasses, et ensuite encaissées jusqu'à l'époque où elles seront brûlées, après leur vérification faite sur les registres, dont il sera dressé procès-verbal qui portera inventaire de toutes ces actions brûlées.

ART, V.

Les actions renouvellées seront également enregistrées; elles porteront les mêmes titres et numéros des premières, avec le mot *renouvellée*, et l'on ajoutera, après les dernières lignes, la date du jour de leur renouvellement.

ART. VI.

Lorsqu'un actionnaire voudra obtenir un crédit, il déposera à la Compagnie, des actions en sommes doubles, aux effets qu'il voudra faire accepter par le caissier de la Compagnie.

ART. VII.

La Compagnie ne fournira pas la somme à l'actionnaire; elle ne fera qu'accepter ses mandats, ses lettres-de-change, et escompter ses billets à ceux qui en seront les porteurs.

ART. VIII.

Si après l'échéance du terme accordé au tireur, ses lettres-de-change ou mandats ne se trouvaient pas remboursés, ses actions déposées seraient vendues à la bourse au plus fort enchérisseur.

TITRE III.

De la formation des billets de caisse payables aux porteurs à vue.

ARTICLE PREMIER.

Lorsque la Compagnie sera prémunie du pouvoir d'engager les biens-fonds, pour répondre de la valeur des billets de Caisse, elle formera une somme de ces billets égale à la valeur de ces biens, et proportionnée aux écus disponibles, afin de n'en émettre qu'une quantité proportionnelle à l'argent monnoyé qu'on pourra obtenir du gouvernement, en échange de ces billets, lorsqu'il sera question de commencer ses opérations.

OBSERVATION IMPORTANTE.

Les opérations de cette Compagnie sont inverses des Banques ordinaires; dans celles-ci, l'argent sort toujours des coffres, et dans celle de Change l'argent ne cesse jamais d'y refluer, par la raison que quand on délivre une lettre-de-change, on n'y porte, sur-tout dans les commencemens, que de l'argent, et que quand, au contraire, on paye celles qu'on tire sur elle, les porteurs préfèrent ces billets au numéraire; il ne faut donc d'argent que pour commencer ses opérations, et c'est dans le gouvernement que la Compagnie de Change avait fondé l'espoir d'échanger des billets pour du numéraire.

ART. II.

Les billets qu'on émettra dans chaque département seront locaux, et ne seront payables, en numéraire, que dans les caisses des départemens où seront les biens qui leur serviront d'hypothèque.

ART. III.

On ne recevra dans la Compagnie qu'autant de biens-fonds qu'il en faudra pour établir la proportion à observer entre le nombre des billets en émission et les sommes d'écus, qu'on jugera devoir être nécessaires pour former le rapport présumé entre ces billets et le numéraire destiné à les payer à vue.

ART. IV.

Nonobstant les billets de caisse, la Compagnie établira de petits billets d'appoints, payables à vue, en gros sous; ces billets seront de 5, 10, 15 et 20 francs, hypothéqués sur de petits biens-fonds.

REMARQUE.

Il s'est formé, depuis un an, une société sous

le nom de Factorerie, qui met des billets de 25, 50 et 100 francs en circulation, sans que rien puisse empêcher d'en fabriquer à volonté. Lorsque j'ai voulu proposer à la Banque de France de recevoir, en appoints, des billets payables en sous, pour me faciliter à former un grand établissement d'Eaux minérales et thermales, les régens de la Banque ont passé à l'ordre du jour, malgré que mes billets fussent spécialement hypothéqués sur cet établissement, et qu'en outre j'offrais la responsabilité d'un de leurs collégues fort riche; mais semblables à leur dieu Mercure, ils mettent le véritable Sosie à la porte pour favoriser des plagiaires, organisés à pouvoir voler quelques millions au public. Le gouvernement instruit obligera vraisemblablement les fondateurs de cette Factorerie à retirer leurs billets, pour n'en émettre que d'hypothéqués sur des biens-fonds.

TITRE IV.

De la direction des affaires.

ARTICLE PREMIER.

La direction générale de la Compagnie sera confiée à des membres qui seront à la nomination des intéressés résidans à Paris.

La Caisse sera régie par trois associés à la Compagnie, les plus riches parmi ceux qui auront le plus d'actions, afin qu'ils puissent répondre des déficits qui pourraient s'y trouver; ils auront chacun une clef différente.

ART. II.

Les ordres à donner dans les différens départemens, les nominations et révocations des employés, tant dans les comptoirs que dans les bureaux de Paris, et généralement toutes les opérations relatives à l'administration de la Compagnie, se délibéreront entre les administrateurs, conformément aux réglemens qui seront faits dans la suite à ce sujet.

ART. III.

Seront tenus aussi les mêmes directeurs de proposer à l'assemblée générale de réformer de la société les propriétaires de biens grevés, lorsqu'ils découvriront des engagemens clandestins; ils prendront à ce sujet toutes les précautions et rempliront toutes les formalités convenables.

ART. IV.

Les bureaux seront formés avec tous les registres relatifs à toutes les opérations de la Compagnie, afin de tenir compte avec la plus grande clarté, de toutes les traites tirées, tant sur les départemens, que de celles qui seraient tirées par les départemens sur la Caisse de Paris.

ART. V.

D'autres registres serviront à tenir note des lettres-de-change et billets, de leurs payemens aux échéances, avec un brouillard, un journal et un grand livre tenu en partie double.

ART. VI.

La correspondance sera également tenue avec beaucoup d'ordre, par un livre de copies de lettres reçues, étiquetées par noms, dates, lieux, jours de réception et de réponses.

ART. VII.

La Compagnie tiendra une correspondance suivie avec les différens comptoirs des départemens, pour se faire rendre compte de toutes leurs opérations, tant sur la quantité de fonds qu'ils auront en numéraire, que sur le nombre des biens-fonds affectés à leur comptoir, et des billets qu'ils mettront en circulation.

ART. VIII.

La Compagnie de Paris, se fera également rendre compte de toutes les traites, que chaque comptoir tirera, acceptera ou payera pour le compte de tous les autres comptoirs, afin que la Caisse de Paris soit toujours éclairée sur la balance générale de toutes les parties des branches de la Compagnie avec le tronc principal.

Art. IX.

Cet établissement pouvant procurer au commerce le grand avantage de lui fournir des traites dont on n'aura point à craindre le protêt, on fera payer le bénéfice du change, suivant les besoins et l'état des comptes Courans, tenus réciproquement entre les différens comptoirs des départemens et la Caisse de Paris.

Art. X.

Les différentes balances des tirages réciproques des comptoirs les uns sur les autres seront signées par leurs directeurs, et envoyées à la Caisse de Paris tous les premiers de chaque mois.

Art. XI.

Les effets à ordre que l'on escomptera devront être revêtus au moins de trois signatures connues des maisons les plus solides.

Art. XII.

Les propriétaires associés, qui emprunteront en vertu du crédit mentionné dans l'article VIII du titre premier, ne pourront exiger que des avances progressives, afin de ne pas hâter trop promptement une grande émission de billets, avant que les coffres soient en état et toujours prêts a les payer à vue.

Art. XIII.

Les traites ne seront fournies sur les comptoirs des départemens qu'avec un terme assez long et un change proportionné aux besoins de chaque lieu des tirages.

Art. XIV.

Une lettre-de-change ne sera acceptée qu'après l'avis reçu de la part du tireur, qui sera obligé de le donner en même-tems que la traite sera délivrée, et l'argent mis en Caisse.

Art. XV.

Tous les tireurs fairont mention de la quantité d'argent et de billets reçus pour chaque tirage, en spécifiant leurs valeurs dans le corps de la lettre-de-change.

ART. XVI.

Si le change ne suffisait pas à l'emploi de tous les capitaux, que la compagnie peut se former par l'augmentation des biens-fonds qu'elle pourra acquérir, elle pourrait, par la suite, faire l'escompte et prêter sur hypothèque; mais comme le change est le commerce le plus sûr, il vaudra mieux s'en tenir à ces seules opérations, jusqu'à ce qu'on en ait épuisé les ressources.

OBSERVATIONS

Sur les avantages que la CAISSE DE CHANGE *aura sur les autres Banques.*

LES moyens qui jusqu'ici ont servi à donner des profits aux actionnaires qui ont fourni le premier capital des Banques, n'ont encore eu pour objet que le bénéfice de l'escompte des effets à ordre, revêtus des signatures les plus solides; mais si à ces opérations on eût voulu réunir les tirages des lettres-de-change de place à place, il aurait fallu établir des Caisses dans les départemens pour correspondre avec celle de Paris, et alors on eût trouvé par cette organisation une ressource d'argent bien plus féconde que celle des actions pour remplir les coffres, et bien plus lucrative que celle de l'escompte, par les profits du change.

On voit donc par là, que l'opération des tirages organisée suivant les articles du réglement ci-dessus, a ceci d'avantageux sur toutes les autres banques, c'est qu'elle procure des écus, non seulement sans payer aucun intérêt, mais qu'elle donne encore des bénéfices sur le cours du change que le porteur paye au tireur, lorsque le premier veut obtenir une traite sur un département, ou d'un département sur Paris.

On voit donc d'une manière évidente que la compagnie n'aurait jamais eu à craindre de voir vider ses coffres, par ce que tous ces tirages y auraient accumulé des espèces, et que les lettres de change auraient été payées presque toujours en billets de caisse.

Quoique la grande difficulté des premiers momens de cet établissement consistait à trouver un premier capital en argent, pour donner cours à ses billets, on avait cependant tout lieu d'espérer qu'une nouvelle émission de papiers solides, augmentant la circulation et contribuant par-là à procurer une plus forte recette de contributions; le gouvernement, reconnaissant cette vérité de principe, n'aurait pas manqué de favoriser notre établissement, sur-tout lorsque ses administrateurs auraient été convaincus qu'ils pouvaient le faire sans aucune avance, ni préjudicier en aucune manière à tous les paiemens que le trésor public devait faire pour acquitter les engagemens de l'état; voici pourquoi et comment.

Personne n'ignore que les différens décrets des anciens conseils n'aient fait naître une telle défiance aux capitalistes, que ceux-ci n'ont pas manqué de faire disparaître de la circulation presque tout l'argent nécessaire au commerce, et que cette disparution a laissé la classe la plus utile de la société dans l'inaction, que les agriculteurs ne trouvent plus d'avances, que les ouvriers et les boutiquiers des villes ne vendent plus rien, à moins que ce ne soit à crédit, et que quand ils ne sont pas payés aux termes, ils font vendre les marchandises de leurs boutiques par les encanteurs, dont tous les quartiers de Paris sont remplis, que d'autres les portent au Mont-de-Piété pour reculer de quelques jours le moment de leur faillite, et qu'enfin l'incarcération, le chagrin et toutes les horreurs de la misère entrainent ainsi un nombre infini de citoyens dans l'abîme, creusé par ces lois désastreuses.

Dans cet état de choses le gouvernement ne saurait recouvrer les contributions du plus grand nombre des citoyens qui forment cette classe infortunée, quoique la plus considérable et la plus utile de la république ; d'après ces faits, comment les auteurs de tant de maux voudraient-ils que leurs victimes pussent donner autre chose que des larmes ?

Il était donc, non-seulement nécessaire, mais très-urgent encore, de remédier à tant de sujets d'affliction, en saisissant avec empressement les moyens qui pouvaient y remédier ; il ne fallait pour celà ni prime, ni avance, ni sacrifice d'aucune espèce de la part de l'état ; il ne fallait qu'obtenir le consentement des gouvernans pour donner au ministre des finances la faculté de traiter avec notre compagnie l'arrangement dont voici les principales dispositions.

Lorsque par une conduite prudente les administrateurs de la Caisse de Change de Paris auraient donné cours aux billets de la Compagnie, par de petites opérations, on se fût occupé de l'organisation des comptoirs des départemens par le choix de divers négocians propriétaires connus, qui n'eussent pas manqué de s'offrir d'eux - mêmes, lorsque notre établissement aurait pris une première consistance.

Quand ensuite le gouvernement, d'accord avec la Compagnie, eût voulu faire venir des fonds de Paris, on eût écrit aux comptoirs de tel ou tel département d'y recevoir les sommes d'argent que les receveurs auraient eu l'ordre du ministre des finances d'y verser, et aussitôt que les comptoirs auraient touché ces fonds, ils auraient donné avis à la Caisse de Paris de tirer sur eux à l'ordre du premier négociant ou autre particulier qui lui eût porté de l'argent pour obtenir des traites.

Si la Compagnie n'eût pas trouvé à tirer sur les fonds versés dans les comptoirs, ils eussent toujours resté aux ordres du gouvernement qui les eût fait venir par les voitures publiques, à moins qu'il n'eût voulu supporter la perte du Change qui est toujours moins considérable que les frais de transport de l'argent en nature.

Dans cet état des choses, la Caisse Mère aurait pu tirer sans cesse sur les comptoirs des départemens; et comme ceux qui seraient venus chercher des lettres de change à la Caisse de Paris, y auraient porté de l'argent, et que les comptoirs les auraient payées le plus souvent avec des billets de Caisse, l'argent se fût accumulé insensiblement, tant dans les comptoirs des départemens que dans la Caisse de Paris, ce qui eût facilité le moyen de faire de nouvelles acquisitions de biens fonds et une augmentation d'émission de billets au profit de la Compagnie.

Les comptoirs n'eussent jamais tiré sur la Caisse de Paris, que tout autant qu'ils en eussent reçu le pouvoir de ses régisseurs, et ceux-ci n'eussent accordé cette autorisation, qu'après qu'ils auraient jugé, par l'état de l'argent de la Caisse et des billets restés dans la circulation, de combien tel comptoir aurait pu se prévaloir sur la Caisse de Paris.

On voit d'après toutes ces dispositions, que la Caisse Mère eût tiré beaucoup plus souvent sur les départemens, que ceux-ci n'eussent tiré sur elle, et que le gouvernement n'aurait pas entendu ses intérêts, s'il eût refusé de se concerter avec notre Compagnie pour faire venir une partie des recettes des départemens sans frais ni aucun risque de transport d'argent.

L'avantage inappréciable qu'on ne peut contester à cette Compagnie, est celui de pouvoir s'étendre autant que ses fondateurs l'eussent jugé à propos, sans jamais compromettre les intérêts du public, ni ceux de la Compagnie ; car plus elle se fût étendue, plus elle se fût consolidée, puisque ne recevant que de l'argent et ne donnant presque toujours que du papier, elle eût fini par n'avoir que des espèces métalliques, si à mesure de leur accumulation dans les coffres, on n'achetait, comme je l'ai déja dit, des biens fonds pour mettre de nouveaux billets en émission.

Cet apperçu suffit pour faire concevoir combien les propriétaires de biens fonds trouveraient d'avantages, tant par l'augmentation du prix de leurs biens, que par celui du double revenu qu'ils pourraient se procurer, et sur-tout par le crédit qu'ils trouveraient comme interessés à la compagnie, pour faire les avances nécessaires à l'agriculture lors qu'on en veut tirer de grands revenus.

Si l'on considère ensuite la progression des bénéfices énormes qu'offre l'accumulation continuelle d'argent qui se formera dans tous les coffres pour faciliter de nouveaux achats de biens fonds, et une augmentation de billets que ces biens permettraient de mettre en circulation, on reconnaîtra évidemment que cette manière de grossir les capitaux de la Compagnie est bien plus légitime que celle de faire des billets à perte de vue, sans que l'on puisse en arrêter le cours; les assignats nous ont prouvé combien il serait dangéreux aujourd'hui de nous livrer à ce perfide système.

ADRESSE.

ADRESSE (1).

DES

PROPRIÉTAIRES DE BIENS-FONDS,

BANQUIERS ET NÉGOCIANS,

INTERESSES A LA COMPAGNIE DE CHANGE,

Aux Consuls de la République française.

CITOYENS CONSULS,

LES soussignés, intéressés à la Compagnie de Change, considérant la situation actuelle des finances de la république comme la cause im-

(1). Cette adresse et tous les papiers de la Compagnie étaient entre les mains d'un actionnaire qui s'était chargé de faire les fonctions de secrétaire; il différa de près de deux mois de la mettre au net; pendant cet intervalle, nous apprîmes que les fondateurs de la Banque de France employaient les moyens de notre Compagnie; ce n'était encore qu'un bruit incertain, mais la suite nous l'a confirmé, comme on va le juger par la lecture de cette pièce. La Banque n'en diffère que par des modes dangereux qu'on y a introduits.

médiate de la non-valeur des biens-fonds, et réciproquement la non-valeur des biens-fonds, comme ayant une influence funeste sur les revenus de l'état.

Considérant que l'affaiblissement de l'agriculture, l'anéantissement des manufactures et la ruine générale du commerce sont autant d'obstacles qui mettent les percepteurs de contributions hors d'état de les recouvrer, viennent vous faire part de l'organisation d'une Compagnie qui, d'accord avec le gouvernement, peut mettre en activité les parties languissantes de l'industrie nationale, en faveur desquelles vous montrez de si heureuses dispositions; et ramener bientôt au trésor public une abondance de richesses, dont la source est tarie depuis si long-tems.

Tout le monde sait que le vice attaché à tous les papiers de Caisse indéterminés, donne trop d'accès aux abus, et que les abus en sont presque toujours la suite infaillible, parcequ'il ne dépend que des administrateurs de ces sortes de Banques de fabriquer, à leur gré, autant de millions que leurs besoins personnels l'exigent; au lieu que les billets d'une Banque hypothéquée spécialement sur un bien estimé, par exemple, 100,000 fr., ne permettant de mettre en circulation sur ce bien, que 200 billets de 500 fr., que leurs numéros désigneront, depuis un jusqu'à 200 ; il est évident qu'il devient impossible d'en faire un de plus, à moins d'en faire deux portans le même numéro, mais alors la fraude serait bientôt découverte.

L'abus reconnu des Banques sans garantie a fait naître à divers auteurs de semblables établissemens, ce moyen d'hypothéquer spécialement les billets pour en assurer la valeur; mais ils n'ont pas été aussi heureux sur les moyens de trouver de l'argent pour payer ces billets à vue ; cet obstacle qui a paru jusqu'ici invincible aux faiseurs de ces sortes de Banques, en a toujours arrêté l'exécution ; or, si à cette manière d'établir le crédit des billets de Caisse, en présentant des immeubles pour répondre de leur valeur représentative, la Compagnie de Change trouve le moyen d'y ajouter du numéraire pour les payer à vue ; cette réunion, fondée sur les deux bâses les plus importantes d'une Banque, établira nécessairement le crédit le plus solide, par la confiance qu'elle inspirera aux porteurs de semblables billets, puisqu'ils seront assurés qu'on ne pourra abuser de la faculté d'en faire plus que les numéros et la valeur des biens indiqués n'en désigneront, et qu'on sera certain en outre de trouver des écus à volonté.

Les différens comptoirs que la Compagnie se propose d'organiser sous peu dans toutes les villes de commerce des départemens, de la même forme que celle de la Caisse de Paris, émettront des billets aux porteurs qui n'auront cours que dans leurs départemens, avec cette attention très-importante qu'ils n'en établiront pas au-dessous de 500 fr. dans les départemens riches, et au-dessous de 300 fr. dans ceux qui ne le sont pas.

Toutes les Caisses, tant des départemens que de Paris, feront le change et l'escompte, mais plus particulièrement le change, parceque c'est le moyen le plus fécond pour se procurer des espèces.

Personne n'ignore que lorsque des billets de Caisse ne laissent aucun doute sur leur solidité, le plus grand nombre des négocians ou autres particuliers préfèrent, pour leur commodité, ce papier à l'argent, surtout lorsqu'ils sont possesseurs de fortes sommes : les billets de la Caisse d'Escompte et des Comptes Courans l'ont prouvé, malgré l'insuffisance de leur responsabilité.

Les principales opérations de la Compagnie consistant donc à tirer perpétuellement des lettres-de-change par tous les départemens, les uns sur les autres, ceux qui viendront chercher des traites porteront, sur-tout dans les commencemens, plus d'argent que de billets de la Compagnie pour les obtenir; et comme ceux à l'ordre desquels ces lettres-de-change seront passées auront le choix de prendre ou de l'argent ou des billets, il est naturel de penser, d'après ce que nous venons de dire, qu'ils préféreront des billets à des écus. On alimentera donc par ce moyen les coffres de tous les comptoirs, de l'argent dont ils auront besoin pour payer les billets de Caisse à vue, lorsque le public voudra les effectuer en espèces.

Cet établissement sera d'un si grand avantage que les envois d'argent qui se font ordinairement par la poste n'auront plus lieu, et qu'alors les voleurs n'arrêteront plus les malles sur les grandes routes, parceque l'attrait qui les porte à commettre leurs crimes n'existera plus.

Lorsque cet établissement sera bien fondé, et qu'il aura reçu du tems et de la confiance publique tout son accroissement, le gouvernement y trouvera le grand avantage de faire toucher le produit de ses recettes dans différens lieux de la république qui en auront besoin, sans qu'il soit nécessaire d'y faire transporter les espèces en nature.

Les Caisses de la Compagnie répandues dans toute la république tiendront entr'elles une balance par comptes courans ; les régisseurs de celle de Paris, d'accord avec le gouvernement, feront passer au besoin des ordres dans ces comptoirs pour fournir des traites aux receveurs-généraux, lorsque ceux-ci auront reçu des ordres du ministre des finances pour verser le montant de leurs recettes dans les Caisses de tels ou tels comptoirs dont les directeurs fourniront à ces receveurs des lettres-de-change, soit sur Paris ou les départemens auxquèls le gouvernement voudra faire passer des fonds.

C'est par ces dispositions de tirages continuels, soit pour le gouvernement ou pour le public, que la Compagnie de Change devra nécessairement trouver par la suite plus d'écus que n'en pourraient procurer les actions en espèces indispensables à toutes les autres Banques.

La différence des opérations de la Compagnie de Change avec celles du Commerce et des Comptes Courans, c'est que ces dernières ne reçoivent que des billets pour les escompter, au lieu que la Caisse de Change recevra de l'argent avec le prix du change, avant de délivrer ses traites ou ses billets de Caisse.

Pour donner du mouvement au plan d'organisation de cette Banque, la Compagnie ne demande au gouvernement ni prime, ni avance, ni sacrifice d'aucune espèce; elle n'a besoin que de commencer à faire circuler ses billets en agissant de concert avec le ministre des finances pour qu'il les reçoive d'une part, et les donne en paiement de l'autre, par l'opération suivante :

Après que la Compagnie aura fait ses billets aux porteurs, elle en remettra à tels ou tels percepteurs, en sommes égales à l'argent que ceux-ci auront reçu l'ordre de verser dans les coffres de la Compagnie.

Cet argent, ainsi déposé dans ces coffres, sera uniquement destiné à payer les billets que ces percepteurs auront reçus et remis au trésor public, et lorsque le trésorier donnera ces mêmes billets en paiement, ceux qui les recevront viendront naturellement chercher leurs valeurs en argent plutôt que de garder, dans les commencemens de l'établissement de la Compagnie, des billets avec lesquels ils ne seront point encore assez familiarisés; mais lorsque l'exactitude constante du service de la Caisse aura convaincu le public qu'on peut à tous momens trouver dans la Caisse l'argent nécessaire pour échanger des billets pour de l'argent, les porteurs de ces billets les préféreront à l'argent, et lorsqu'ensuite le papier aura acquis, par le moyen de ces revirемens, tout le crédit dont il est susceptible, on trouvera plus d'écus qu'il n'en faudra pour remplir les coffres de la Compagnie.

Cet établissement offrant donc à l'état toutes les sûretés propres à former la Banque la plus solide et la plus étendue de l'Europe, doit infailliblement devenir, par l'accroissement dont il est susceptible, l'agent le plus puissant et le plus nécessaire pour faire refleurir l'agriculture, revivre le commerce, et restaurer les finances de la république.

C'est de vous principalement, citoyens Consuls, que dépendront, et le succès de cet établissement, et les avantages immenses qui doivent en résulter pour le gouvernement. Le service que vous en retirerez sera tel, que les contributions arriveront de toutes parts sans risques au trésor public par des agens qui ne coûteront rien à l'état. Tous vos engagemens seront remplis, et vos paiemens acquittés avec une extrême facilité, sans que vous vous en mettiez en peine.

Enfin, après avoir eu la gloire d'avoir sauvé la république en la tirant des bords de l'abîme où elle allait être engloutie; vous aurez celle de la consolider par l'un des moyens le plus propre à la restauration des finances.

AU MINISTRE DES FINANCES.

Citoyen Ministre,

Les soussignés, intéressés à la Compagnie de Change, ont l'honneur de vous faire part de leur organisation; ils vous prient de vouloir bien leur accorder quelques minutes d'audience, afin de vous exposer une manière d'opérer très-intéressante pour le gouvernement.

Salut et respect,

Signé *B. Saurinet*; *Bostier*; *Salenave*; *Le Mercier*; *Barré-Saint-Venant*; *Roze-Chotard*; *Dutrone*; *De Jean*; *Conci*; *Lavaux*; *F. Guilband*, par commission; *E. Mosneron* (*de Nantes*), par commission; *A. Le Normand*; *Courrejolles*, *père*; *Pariset*.

Cette pièce devait être signée de plusieurs autres intéressés, ainsi qu'une autre pétition contenant le développement des moyens expliqués dans celle qui devait être adressée aux Consuls; mais, comme je viens de le dire, le secrétaire négligea tout pour ne penser qu'à ses affaires. C'est pour cette raison qu'il n'y a dans cette pièce que la moitié des signatures qu'il devrait y avoir.

Ce fut au moment où la Compagnie de Change se proposait d'aller en députation chez le ministre des finances, que ce membre, qui jusques-là avait paru le plus zélé de tous, se refroidit tout-à-coup en cessant de la servir. Son indifférence fut portée au point d'avoir gardé, pendant près de deux mois, la pétition qui avait été débattue, corrigée et arrêtée, pour être présentée aux consuls ; il ne me la remit qu'au bout de ce laps de tems, sans l'avoir mise au net, en me disant qu'il n'en avait pas eu le tems : c'est la première pétition qu'on vient de lire, et dans laquelle on voit tout le développement des opérations dont la Banque de France fait usage aujourd'hui.

La négligence de ce membre de notre Compagnie ne faisait naître encore aucune méfiance ; mais quand on a su qu'il engageait d'autres personnes de la société à s'en retirer, et qu'il avait su se procurer une place de receveur-général d'un département, quoiqu'il n'eût pas à beaucoup près le crédit ni les fonds nécessaires à déposer pour l'obtenir ; tous ces faits ajoutés aux moyens que la Banque de France emploie, et qui n'existaient alors que dans nos papiers, présentent trop de probabilités pour ne pas se livrer à des soupçons, peut-être trop bien fondés.

A la vérité, j'avais confié au citoyen Peregaux, long-tems avant qu'il fût question d'une Banque de France, plusieurs moyens de la Compagnie de Change ; je lui développai celui d'organiser la Caisse des Comptes courans, en la transformant d'une manière analogue aux réglemens de cette Compagnie, afin qu'en prenant des arrangemens avec le gouvernement, on eût obtenu le versement des recettes en échange des billets. Mais je n'entendais pas le faire d'une manière aussi équivoque ni aussi dangereuse au bien public, que celle qu'on emploie dans la Banque de France.

Le citoyen Peregaux m'observa dans les tems qu'il n'y avait rien à faire tant que la liste des émigrés subsisterait, et qu'il fallait remettre à la paix la formation d'un pareil établissement.

Il doit avoir en outre une de mes lettres, écrite il y a près de deux ans, dans laquelle je lui démontrais comment on pouvait grossir les capitaux d'une banque au moyen de l'argent que feraient toucher les tirages de lettres de change, dont on percevrait le montant avant de les délivrer, et que cette manière d'opérer faisant accumuler de l'argent dans ses coffres, faciliterait le moyen de faire des acquisitions de biens-fonds, pour émettre de nouveaux billets sans jamais compromettre l'intérêt public.

D'autres personnes étrangères à notre Compagnie, ont également eu connaissance de mon prospectus, par la raison qu'il a fallu le leur communiquer pour les convaincre avant de les réunir à notre société.

Le citoyen Dangirard, ancien directeur de la Compagnie des Indes, l'avait lu et approuvé; mais il m'observa de justes raisons qui l'empêchaient d'y coopérer.

J'en fis part au citoyen Barillon, comme à un ami dont j'étais sûr.

Le citoyen Bostaret le connaissait aussi avant qu'il eût la place de receveur-général du département de Seine et Oise.

Quelque tems après, mais avant la formation de la Banque de France, je fis part au général Sahuguet des moyens de me procurer l'argent nécessaire à remplir les coffres de notre compagnie.

Voilà à-peu-près quelles sont les personnes qui, n'ayant pas été de notre compagnie, ont eu connaissance de nos moyens.

Je puis dire avec vérité que, parmi environ trente personnes à qui j'ai cru devoir les communiquer, il n'y a guère que celles que je viens de citer qui n'en aient pas été, par des raisons qu'ils ont motivées.

En effet, quel est le propriétaire doué d'un peu de bon sens, qui ne voulût être d'une société dans laquelle, ne mettant aucuns fonds en espèces, il trouverait cependant, en sus du revenu de son bien, une autre rente plus forte et plus certaine, soit par les opérations de change, ou par un crédit égal à la moitié de la valeur du fonds qu'il hypothéquerait à cet effet?

S'il ne veut pas emprunter, il retire sa part au bénéfice du change ; et s'il emprunte, il ne paye que six pour cent.

Il n'y aurait donc que ceux dont une puérile crainte étoufferait la raison, qui pourraient ne pas vouloir être d'une semblable Compagnie.

Une opération neuve comme celle-là, est le fruit de la méditation et des travaux de celui qui l'a créée ; elle doit lui appartenir autant qu'un patrimoine. C'est une propriété incontestable qui doit être inviolable ; le produit doit lui revenir aussi légitimement que celui qu'un banquier retire de l'intérêt de son argent.

Si le génie et l'industrie doivent une contribution, comment le gouvernement pourrait-il lui refuser la protection que l'on doit à tout propriétaire contribuable ? De quelle utilité ne devient pas un inventeur dans un état où les sciences, les arts et le commerce sont les parties les plus directement utiles à sa prospérité ?

Il n'y a que dans les villes corrompues, où tout le mérite de ceux qui forment le plus grand nombre des cercles, consiste à faire des parades de caquets, que l'on confonde les hommes qui ont donné des preuves de succès par des opérations utiles, avec cette classe d'intrigans et de plagiaires, qu'on appelle hommes à projets. On y est si léger, qu'il faut se cacher souvent d'être inventeur, pour ne pas leur paraître ridicule; car, dans ces sociétés, les hommes sont des femmes, les femmes des enfans, et les enfans des poupées.

Quoi qu'en disent ces êtres frivoles, j'ai des droits trop bien fondés, pour ne pas les faire valoir contre ceux qui, profitant de l'organisation de la Compagnie de Change, dont je me fais gloire d'être l'inventeur, en ont fait leur profit, aux dépens de mes peines et de l'intérêt de mes co-associés.

Celui qui fait son profit de l'invention d'un autre, et qui ne peut de son propre fonds faire aucune restitution, doit naturellement faire renoncer aux prétentions du propriétaire.

Mais lorsque le larcin se trouve chez les hommes les plus riches de la republique, son droit étant démontré, le dédommagement ne peut être contesté, il faut qu'ils restituent.

Car enfin, qu'y aurait-il de plus injuste que de voir une classe d'hommes très-riches augmenter leur fortune aux dépens des veilles et des sueurs d'un malheureux colon ruiné, qui, dans un âge avancé, a été obligé de faire des courses sans relâche, pour tirer parti du seul bien-fonds qu'il possède en France, par le moyen de l'etablissement de la Compagnie de Change, et qui n'ayant vécu que de privations continuelles depuis dix ans que ses biens de Saint-Domingue sont dévastés, aurait sacrifié son tems, son repos, et l'espoir de son bien-être, pour assouvir la passion démésurée de richesses, dont les principaux fondateurs de la Banque de France regorgent.

On ne manquera pas de m'observer que d'autres que moi ont eu ces mêmes idées. Cependant, si l'on considère le nombre de particularités neuves communes entre la Banque et la Compagnie de Change, on aura de la peine à persuader le public qu'elles puissent appartenir à celle qui ne s'en est servie que long-tems après qu'elles étaient écrites et connues, non-seulement des personnes que je viens de citer, mais encore de tous les membres qui ont composé cette Compagnie. Il n'y a pas jusqu'au moyen qui fut proposé dans un comité, par le citoyen Dutrone, dont la Banque de France ne fasse usage. Ce moyen consistait à demander au gouvernement le versement des loteries dans nos coffres.

Si je voyais faire le bien, je me consolerais; mais j'ai la douleur de voir que jamais les plagiaires ne font usage de leurs larcins sans les altérer ; par des motifs d'intérêt, ils s'occupent plus à les faire servir à leur fortune qu'à procurer le bien général. Le véritable auteur est intéressé à faire réussir son projet, le plagiaire au contraire sacrifie son succès au profit qu'il y cherche.

Toutes mes idées relatives à la manière de faire les fonds d'une Banque, sont fort anciennes; je doute que ceux qui voudront me les disputer, puissent prouver leur antériorité sur la mienne. Il ne faut, pour démontrer mes justes droits, que lire le mémoire que je fis imprimer en 1789, pour m'opposer au projet du citoyen Dupont de Nemours; on y verra en outre, par les observations que je fis à cette époque, au sujet des abus qui s'introduisent toujours dans les opérations de finances, qu'on aurait pu les éviter, si j'avais eu le bonheur d'être écouté.

Ce mémoire devient d'autant plus nécessaire à lire, par tous ceux qui ont quelque pouvoir dans l'administration des finances, qu'ils y découvriront qu'il ne pouvait y avoir qu'un intérêt différent de celui du bonheur de la France, qui ait pu faire choisir la forme perfide des assignats, portant hypothèque sur toute la masse des biens nationaux, au lieu de les hypothéquer spécialement sur chaque bien, comme je le proposais dans cet écrit.

COPIE

Du MÉMOIRE imprimé en 1789, intitulé :

RÉFUTATION

DES Principes de M. Dupont de Nemours, au sujet de la réunion des intérêts de la Caisse d'Escompte avec ceux de la nation, adressée à l'assemblée nationale, par M. Courrejolles, député de Saint-Domingue.

MESSIEURS,

LE discours prononcé par M. Dupont a été rendu public, je l'ai lu avec réflexion. J'ai comparé son système avec le plan que j'ai eu l'honneur de vous proposer. J'ai considéré avec impartialité les objets sur lesquels nous différons, et j'ai cru devoir soumettre à votre jugement mes nouvelles idées, et les motifs qui m'y attachent.

L'ouvrage de M. Dupont caractérise un citoyen zélé, non-seulement pour la nation, mais pour tous les intéressés de la Caisse d'Escompte. Il cherche à se rendre utile à tous, et par cela seul, il mérite plus d'égards qu'il n'en faudrait accorder à celui qui voudrait exclure quelqu'un du partage des biens ecclésiastiques. C'est après un long préambule sur la nature des biens du clergé, qu'il commence à établir son projet.

« Il faut ouvrir trois emplois avantageux aux » capitaux libres, dit M. Dupont, à la page 78 de » son discours.

» Le premier dans la vente des biens-fonds du » clergé, sur laquelle vous n'aurez pas à vous » presser, lorsque l'état jouira provisoirement des » revenus, et vous pourrez attendre en chaque » lieu des offres convenables. Vous en aurez de » très-promptes pour les édifices et les terreins » des villes, particulièrement de la capitale, où » les maisons religieuses occupent les plus beaux » emplacemens. »

C'est avec ces emplacemens qu'il fait quarante millions de vente, dont il veut établir le fonds d'une Banque.

« On vous propose de toutes parts, dit M. Du» pont, à la page 73 de son discours, de créer un » papier-monnaie ou des billets d'état, et si vous » hésitez à donner promptement aux finances un » appui solide, vous pourriez être conduits très-

» involontairement à cette opération par l'impos-» sibilité d'effectuer autrement les paiemens aux-» quels la nation est obligée.

» Vous comprenez assez, messieurs, que par » elle-même, une telle ressource est illusoire; » qu'il ne dépend pas des souverains, qu'il ne » dépend pas des nations, d'imprimer de la valeur » aux choses auxquelles la nature l'a refusée. »

Dans ce passage, M. Dupont semble blâmer l'usage du papier-monnaie, et propose cependant au résultat un papier-monnaie encore moins solide que tous ceux que l'on a proposés, puisqu'à la page 85, il prétend par son projet que quarante millions en caisse sont suffisans pour établir cent vingt millions de papier-monnaie.

Il est évident qu'il y aura alors quatre-vingt millions de déficit. Si les cent vingt millions une fois répandus dans le commerce, étaient rapportés tout-à-coup à la caisse par une cause quelconque, où seraient les fonds pour les rembourser ? Il faudrait avoir recours aux moyens actuels, il faudrait envoyer un laquais huit jours de suite pour avoir la monnaie d'un billet, il faudrait perdre pour obtenir de l'argent, et enfin il faudrait perdre la valeur totale du déficit, lorsque les quarante millions seraient épuisés, ou bien attendre long - tems , avant que la nation y eût pourvu.

Dans toutes les autres Banques proposées par différens citoyens, la plupart sont hypothéquées sur les biens du clergé : je les crois préférables, en ce que 120 millions de billets ou petits contrats hypothéqués sur 120 millions de biens - fonds, reconnus et désignés sur chaque billet, sont une valeur bien plus effective que 120 millions de billets hypothéqués sur 40 millions d'argent en caisse.

Les choses qui paraissent immédiatement vraies, doivent être préférées à celles auxquelles on ne peut donner qu'une confiance de convention, uniquement fondée sur l'habitude.

Il ne faut donc pas choisir une Banque qui peut varier de crédit, de préférence à celle qui borne rigoureusement la quantité de ses billets à la valeur déterminée des biens-fonds sur lesquels on établirait leur hypothèque.

Par exemple, dans la disposition que je propose sur les biens du clergé, un bénéfice en fonds de terre évalué, d'après la juste appréciation de son revenu annuel, 100 mille livres de capital, serait représenté par 100 billets de 1000 livres, portant le nom du bénefice, et numérotés depuis 1 jusqu'à 100. Chaque billet contiendrait la valeur foncière du bénéfice et le montant du revenu; et comme le prix déterminé du bénéfice déciderait ostensiblement le nombre des billets de 1000 liv. nécessaires pour le représenter, on ne pourrait pas fabriquer un seul billet de trop, et la sûreté du porteur étant aussi claire, sa confiance serait entière, et le crédit de l'opération, par cette raison, parfaitement établi.

On ne manque jamais de raisons et d'exemples pour donner de la probabilité à des espérances séduisantes; la richesse de l'Angleterre a fait naître déjà une infinité d'idées illusoires.

La Banque de Londres est un phénomène qui séduit toutes les imaginations, par la seule raison qu'on ne l'approfondit pas; mais, si on examinait de près, on verrait bien vîte que cet établissement n'est pas ce qu'il paraît; on observerait que les abus couvrent son existence d'un nuage impénétrable à tous les yeux, excepté à ceux qui profitent de cette obscurité, pour y faire clandestinement leurs propres affaires.

Ce qui arrive en Angleterre ne pourrait-il pas arriver en France, si l'on donnait trop d'extension à la Caisse d'Escompte; le public n'étant point convaincu de la solvabilité du fonds par une impression pareille à celle que les sûretés réelles répandent sur les esprits, ne serait-il pas perpétuellement troublé par les agioteurs? ceux-ci ne feraient-ils pas hausser ou baisser les actions au gré de leurs manœuvres?

La Banque de Londres a suspendu souvent ses paiemens. Elle a perdu jusqu'à 60 pour cent du capital, malgré que la nation entière ait voulu soutenir son crédit. Pourquoi M. Dupont veut-il prétendre que la réunion de la Banque nationale avec la Caisse d'Escompte, ne subirait pas le même sort?

Il ne faut pas d'actions, si l'on veut éviter l'agiotage, il ne faut qu'une banque nationale, dont les billets locaux seront directement hypothéqués dans les différentes provinces sur des terres désignées. Ce n'est que de cette façon qu'on peut établir un crédit solide ; ce n'est que de cette façon qu'on peut vivifier l'agriculture et le commerce dans toutes les parties du royaume. Ecoutons encore celui que je réfute.

« Il est donc simple et juste, dit a ce sujet » M. Dupont, de se servir de la Caisse d'Es» compte ; et il y aurait de l'inconvénient à lui » donner une sorte de décri, en instituant une » nouvelle Banque. *Peu de nouveautés, et jamais* » *sans nécessité absolue*, est une maxime d'ad» ministration très-importante en matière de » crédit. »

Pour éviter le danger que cette maxime désigne, il faudrait ne pas y tomber soi-même; d'ailleurs le projet de M. Dupont ne serait pas une chose neuve, car nous voyons tous les jours former des sociétés où les uns mettent peu de capitaux, mais beaucoup d'industrie, les autres au contraire beaucoup de fonds et peu de méfiance : il arrive aussi presque toujours que ces sortes d'associations, sont comme l'or de bas aloi, il est difficile d'en séparer l'or pur sans qu'il y ait du déchet au départ. Je sens bien que certains financiers, banquiers, et autres actionnaires, ont un fort intérêt à soutenir la possession de la Caisse d'Escompte, et que la préférence qu'on accorderait aux billets nationaux discréditerait dans peu les billets de cette Banque, si elle leur restait en propriété (1).

Un des grands maux de cet établissement serait la retenue de 40 millions de numéraire effectif dans sa caisse. Cet accaparement d'argent ôté d'une seule ville, ne pourrait se faire qu'au préjudice

---

(1). Les mouvemens que se donnaient tous les régisseurs de la Caisse d'Escompte, me faisaient douter dès-lors qu'ils étaient en défaut, et que si mon projet eût eu lieu, sans l'addition des 240 millions de billets du ministre Necker, on eût pu voir plus clairement la cause de leurs sollicitations.

du commerce élémentaire des marchands et artisans qui verraient ralentir leurs ventes, dans le rapport de la totalité du numéraire de Paris, à celui qui se trouve répandu dans la circulation actuelle.

On voit donc que ce que dit M. Dupont contre toutes les autres Banques ne présente au fond que des sophismes qui sont démentis par les principes, l'expérience et la saine raison.

Ces Banques seront toutes plus solides que la Caisse d'Escompte sous la forme actuelle ; elles auront moins de stérilité dans l'usage, et moins de raisons pour occasionner le discrédit ; et quelqu'espérance que M. Dupont puisse faire concevoir des avantages de son projet, on considérera au contraire plus d'incertitude sur des billets sans hypothèque déterminée, que sur ceux qui non-seulement désignent une terre dont la valeur sera spécifiée dans le titre du billet, mais dont l'intérêt ajouté à la sûreté du capital, offrira un bénéfice propre à les faire préférer à de l'argent monnoyé : et alors ces billets plus accrédités que toute autre espèce de papier, paieront la dette de l'état, mettront l'argent en circulation, en faisant prospérer autant les grandes opérations que celles du commerce élémentaire, et nous verrons naître le bonheur et la tranquillité générale.

« Le second emploi des capitaux, ajoute M. » Dupont doit être dans le rachat des dixmes. » Je ne répondrai rien sur ce objet, parce qu'on ne peut rien décider, que l'assemblée nationale n'ait statué définitivement sur l'usage qu'elle en pourra faire.

« Le troisième emploi doit être enfin, suivant » M. Dupont, dans un emprunt public cons- » tamment ouvert dont il faut combiner les » conditions de manière que réunissant pour » les prêteurs le plus grand nombre d'avan- » tages propres à toucher la raison et à inté- » resser le cœur humain, elles dispensent d'y » attacher de trop gros intérêts.

» L'ineptie en administration couvre tout, en- » traîne tout par le poids de l'argent dont elle » épuise les nations qui ensuite l'abandonnent » à son impuissance; la sagesse et l'habileté cher- » chent dans les esprits sensés et dans les ames » honnêtes, qui graces au ciel sont pourtant le » plus grand nombre, les trésors innombrables » et toujours renaissans que la providence y a » placés. C'est ainsi que se procurant une force » que rien ne peut détruire, et n'ayant plus » besoin de prodiguer les métaux, elles s'assu- » rent que ceux-ci ne leur manqueront jamais. »

Lorsque M. Dupont m'expliquera ce qu'il veut dire, je répondrai à cet article.

Pourquoi veut-il que la nation fasse des emprunts, tandis qu'elle a des objets réels pour représenter près de deux milliards de solvabilités effectives; et pourquoi veut-il que nous payions, comme il l'explique à la page 81, de nouveaux intérêts à quatre et demi pour cent, tandis qu'on cherche à éteindre ceux qui causent le déficit actuel ?

Il ignore donc que rien n'est plus préjudiciable à une nation, que l'aliénation des revenus.

M. Dupont dit ensuite à la page 83. « J'ose » vous assurer, messieurs, et je le fais sous la » fois des banquiers les plus habiles, comme sur » celle de la raison, qu'un emprunt à quatre et » demi pour cent, dont le gage sera visible et » pour lequel on réunira les cinq conditions, » aura le succès le plus indubitable. »

Et moi, messieurs, j'ose non-seulement vous assurer à mon tour qu'un intérêt à payer sera toujours ruineux à une nation, mais je vous démontrerai encore qu'un pareil intérêt a de plus les frais d'une régie qui absorberait le capital, avant le terme ordinaire de l'aliénation; d'ailleurs par-tout où le nombre des régisseurs est trop multiplié, les embarras sont plus difficiles à vaincre, et les abus plus faciles à introduire. Les finances s'embrouillent toujours, lorsque trop de personnes y mettent la main.

Avant de proposer cet emprunt, il aurait dû examiner les causes du grand mal dont nous ressentons aujourd'hui tous les effets.

Ces malheurs viennent de fort loin, ils proviennent des aliénations faites sur les revenus de l'état en créant des rentes pour tous les emprunts, et pour toutes les charges ; il faut absolument les éteindre ; mais pour y parvenir il faut les secours d'une Banque Nationale plus solide que celle que propose M. Dupont.

Ces créations de rentes ont eu des suites si funestes, qu'elles ont perpétuellement embrouillé les finances. Joserais avancer que les frais de direction ont dû coûter dix fois plus que les capitaux empruntés, depuis près de 200 ans que la nation est plongée dans le labyrinthe de tous ces engagemens. On ne saurait trop répéter que tous ces frais de régie sont comme autant d'autres créations de rentes nouvelles qui augmentent l'intérêt convenu pour absorber les capitaux avant les termes (1).

(1) Les Français n'ont jamais porté assez d'attention sur ces sortes d'engagemens. M. Necker est de tous les ministres celui qui a le plus engagé l'état par ses emprunts.

Les administrateurs seuls ont occasionné tous ces malheurs, et le peuple seul les paie.

Il est intéressant pour une nation que les richesses soient réparties le plus également possible entre toutes les classes qui la composent, et de supprimer les moyens d'en concenter de trop grandes dans un cercle trop borné.

« Faites passer, disait le vertueux Sulli, beau- » coup d'argent dans les mains du peuple, il en » refluera nécessairement une quantité propor- » tionnée dans le trésor public. »

L'inventeur de la Caisse d'Escompte n'avait pas vraisemblablement les mêmes principes, puisqu'il voulait, comme M. Dupont le veut encore, garder beaucoup d'argent en Caisse, et mettre beaucoup de papier en circulation.

Mais comment l'homme du peuple qui n'a jamais 100 livres en espèces accumulées, pourrait-il avoir sa part dans toutes les richesses qui regorgent chez les agioteurs, lorsque pour faciliter les grandes opérations, on arrêterait toutes les branches du petit commerce qui le fait vivre? Si les nuages ne tombaient en pluie que sur l'Océan, les rivières seraient bientôt taries, les terres desséchées et tous les animaux détruits.

Quand on s'obstine à vouloir soutenir une

fausse opération, on fait plus de mal qu'on n'en voudrait guérir.

Gardez-vous donc bien, messieurs, d'imiter aucune des Banques de l'Europe, elles ont toutes souffert les mêmes événemens, elles ont eu des suspensions de paiemens ou des pertes partielles et même totales.

La révolution actuelle, par l'éloignement des abus et par les ressources infinies de l'état, est faite pour assurer la tranquillité publique sur la solvabilité de la Caisse d'Escompte; mais il faut qu'on la lui remette. La nation seule doit posséder cette Caisse, pour en corriger les abus; elle seule peut tranquilliser le public alarmé, en établissant la balance des actions de l'argent et des billets; et enfin, elle seule doit changer sa forme pour faire de nouveaux billets qui porteront une hypothèque foncière et déterminée par le titre.

La prudence, sur-tout, doit être la base de votre conduite dans cette affaire.

Les meilleurs des moyens, ceux qui peuvent donner un crédit imperturbable et qu'on ne peut révoquer en doute, sont ceux qui établissent pour sûreté des billets de Banque, un domaine connu et bien déterminé sur ces billets, d'une manière spéciale.

La possession des biens fonds du domaine et du clergé, présentent l'occasion la plus favorable à la nation pour fonder une banque de cette espèce.

Mais avant de l'établir, il ne faut pas perdre de vue qu'aucun plan de ce genre ne peut être bien connu que par ses détails, et par l'analyse méthodique de chaque partie.

Je vais rappeler les 17 questions que j'ai eu l'honneur de proposer au comité des finances dans un supplément de mes *vues sur la liquidation de la dette publique.* Je vais maintenant répondre et démontrer sur chacun de ces articles, le mode et l'utilité de leur exécution.

Article premier de mon supplément.

La manière la moins onéreuse de liquider la dette nationale, n'est-elle pas préférable ?

Réponse.

Je pense que si l'on établissait une Banque hypothéquée sur des biens fonds, sans former des actions, ni aucune espèce d'association de choses étrangères aux terres du domaine, ou aux biens fonds du clergé, on pourrait former des billets locaux dans toutes les provinces, en établissant des régies simples formées par les représentans des provinces.

ARTICLE II.

Les biens du clergé déclarés appartenir à la nation, ne peuvent-ils pas contribuer à cette liquidation?

RÉPONSE.

On sait que les biens ecclésiastiques sont fort considérables; mais ils ne sont pas encore bien connus, il faut attendre qu'un inventaire exact les ait déterminés; et dans le cas qu'ils soient insuffisans, les biens du domaine pourraient y suppléer.

ARTICLE III.

Vaut-il mieux vendre les biens du clergé, que d'établir la responsabilité ou le crédit d'une Banque Nationale hypothéquée sur ces biens fonds?

RÉPONSE.

Vendre les biens fonds du clergé, ce serait priver entièrement et à jamais la nation de leur propriété. Faire une Banque établie sur ces biens, ce serait au contraire conserver cette propriété et trouver en même tems leur véritable valeur en effets circulables pour payer la dette de l'état.

ARTICLE IV.

N'y aurait-il pas à craindre qu'en vendant les biens du clergé, on n'en retirât pas la véritable valeur ?

RÉPONSE.

J'ai déjà dit dans mon premier mémoire qu'en les vendant, on n'en retirerait pas, à beaucoup près, la valeur réelle ; j'ai cité l'exemple de la vente des biens des Jésuites, dont le produit n'a pas suffi, non-seulement pour payer les dettes de leur société, mais même les frais de direction et de régie établies depuis leur expulsion.

ARTICLE V.

Ne faudrait-il pas prendre sur le produit de ces ventes, les pensions du clergé, et alors ne seraient-ils pas réduits à une somme inférieure à celle qu'il faut réserver pour liquider la dette de l'état.

REPONSE.

Par mon projet, on laisse la jouissance des bénéfices

bénéfices à tous les ecclésiastiques qui les possèdent, et alors on n'a pas besoin de leur faire de pensions.

ARTICLE VI.

En établissant une Banque Nationale, n'a-t-on pas la faculté de créer et d'élever des papiers à la juste valeur des terres hypothéquées ?

REPONSE.

Il serait fait une estimation exacte de chacun des biens ecclésiastiques par experts et sur-experts, avec le secours des différens baux passés et déposés chez les notaires : la valeur foncière serait portée au capital du denier vingt,

Ce capital bien reconnu, que je suppose ici de cent mille livres, serait partagé dans les provinces pauvres, en mille billets de 100 livres, et dans le riches, au contraire, en cent billets de 1000 liv.

Cette manière de les diviser devient importante pour faciliter la circulation du commerce élémentaire, par la raison qu'il y a peu de capitalistes dans les pays pauvres, en état de garder des billets d'une trop forte somme, de préférence à l'argent monnoyé.

Ces billets seront numérotés depuis un jusqu'à cent dans les pays riches, et depuis un jusqu'à mille dans ceux qui ne le seront pas.

Chaque billet porterait le nom de l'objet hypothéqué, le prix de son estimation, la quantité des terres, leur nature, le nom du possesseur et le nombre des billets numérotés en toutes lettres,

Au moyen de toutes ces précautions, on ne saurait jamais faire un billet de trop.

Article VII.

Si l'établissement de ce papier-monnaie devient suffisant pour payer la dette de l'état, ne serait-il pas possible de se passer de l'expédient rigoureux de l'abolition, ou même de la réduction des pensions, dont la plupart sont des objets de récompenses méritées ?

Reponse.

Il y a des personnes qui ont osé avancer que j'avais composé cet article pour moi, lorsque je l'ai placé dans mon supplément.

Qu'on sache donc que cet article porte uniquement sur les pensions de tous les hommes de mon état qui ont bien servi la patrie, sur tous ceux qui se sont rendus utiles par les lettres, les sciences et les arts, et sur-tout en faveur des veuves et des orphelins, des militaires morts à la guerre, ou des vieux chevaliers de Saint-Louis, dont la misère d'un grand nombre fait rougir pour la patrie, tous ceux qui portent cette marque distinctive de leurs services ; quant à moi je n'ai besoin de rien.

ARTICLE VIII.

Ne vaut-il pas mieux donner la préférence à une Banque qui, en conservant le revenu, ne fait qu'engager des biens fonds, pour répondre de la somme des billets qui paieront la dette nationale ?

REPONSE.

Pourquoi ne pas préférer sur les Banques ordinaires, dont le crédit apparent laisse des doutes et fait naître sans cesse des craintes, une Banque solide dont les billets hypothéqués sur un fonds reconnu, sont comme autant de coupons d'un contrat général, qui représenterait la valeur totale de ce bien reconnu.

J'ai déjà dit, qu'il ne fallait pas confondre les sûretés apparentes avec les sûretés réelles; la

France a déjà payé fort cher, la confiance aveugle qu'on avait établie sur la Banque de Law qui n'offrait que des sûretés apparentes.

Il est étonnant qu'après de pareilles leçons on ose encore offrir de pareilles opérations, en associant la Caisse d'Escompte, qui n'offre que des sûretés de cette espèce, avec les richesses de la nation. On peut en tirer un meilleur parti, je le répéterai toujours, en établissant une Banque dont les effets porteraient sur des biens-fonds, pour offrir à l'opinion publique une raison déterminante et une sûreté faite pour établir la confiance générale.

ARTICLE IX.

Est-il nécessaire de garder ce revenu pour d'autres emplois, ou est-il plus convenable d'en faire un bénéfice au profit des porteurs des billets pour tenir lieu d'intérêt.

REPONSE.

J'ai avancé dans mes premiers écrits que pour faire sortir l'argent des coffres, il fallait établir un bénéfice ou intérêt, en faveur du papier de la Banque Nationale, afin qu'il fût préféré aux espèces d'or et d'argent, qui n'en donnent aucun

Si la nation voulait faire régir les terres hypothéquées et en retirer les revenus pour répartir ensuite les intérêts d'une Banque quelconque, elle accumulerait, comme je ne cesserai de le répéter, une multiplicité de frais et d'abus qui absorberaient les cinq pour cent de la ferme des terres, et peut-être une partie du capital.

ARTICLE X.

Ne vaudrait-il pas mieux laisser la jouissance des revenus au clergé, possesseur actuel des rentes, pour n'en disposer en faveur de la nation, qu'à l'époque de la mort de chaque usufruitier?

REPONSE.

De tous les moyens qui peuvent opérer le bien du royaume, on doit préférer, sans doute, celui dont les principes reposent sur des bases équitables; l'intérêt de la nation pouvant s'allier avec des moyens dignes de sa générosité, peut-elle faire illégitimement le malheur de personne?

Le clergé, par l'importance des objets immenses dont on lui a ôté la propriété, mérite des égards et des considérations dans la manière d'en disposer.

La Banque que je propose n'a pas besoin d'ôter la jouissance à aucun bénéficier, pour avoir lieu. Chacun peut rester entier et paisible possesseur de son bénéfice jusqu'à sa mort.

Or, si par ce moyen, leur intérêt peut s'allier avec l'intérêt général, pourquoi proposer des moyens violens, si peu analogues à la générosité du peuple français?

Pourquoi vendre les possessions religieuses de Paris et les autres propriétés ecclésiastiques? Enfin, pourquoi établir avec leurs produits des Banques agioteuses, une association abusive, dont la nation ressentirait tôt ou tard les funestes effets?

ARTICLE XI.

Ne conviendrait-il pas encore d'abandonner aux porteurs des billets, les rentes vacantes après le décès de ceux qui en jouissent, afin de donner à ces billets une valeur qui peut les faire préférer, non-seulement aux billets de la Caisse d'Escompte, mais encore à l'argent monnoyé.

REPONSE.

En matière d'intérêt, les bénéfices dirigent les esprits; si l'on répandait du papier sans aucun profit ni espoir d'en obtenir, on ne le recevrait qu'au défaut absolu d'argent de la part d'un débiteur, et tout le monde serrerait les espèces comme cela arrive aujourd'hui.

Si au contraire un papier très-solide donnait un bénéfice, il n'y aurait que des hommes stupides, qui pourraient préférer l'argent à ce papier.

Si ce bénéfice était un intérêt payable à chaque billet, par la nation, on multiplierait les formes, les régies, et par conséquent les abus. Il en est des opérations de finances, comme des rouages dans les machines, plus on les diminue pour les simplifier, et plus on produit d'effet.

C'est dans la manière d'établir l'intérêt des billets nationaux, que consiste la chose essentielle et nouvelle de mon projet. Je suis fâché que M. Dupont ne paraisse pas aimer les nouveautés, mais j'aurai à lui opposer que dans un moment où les pièces de l'édifice que vous élevez, sont des pièces neuves, on doit donner la préférence à toutes celles dont la solidité est démontrée, sur des pièces anciennes peu solides, discréditées par le tems, et qui feront un vice dans la base, capable de faire écrouler votre monument.

Les intérêts sont toujours ruineux pour une nation, parce qu'elle vit plus long-tems qu'un des individus qui la composent, et qu'elle survit aussi une infinité de fois à l'extinction du capital par les intérêts qui l'absorbent tous les vingt ans, lorsqu'on paie 5 pour 100 tous les ans. Il faut donc en imaginer d'une espèce qui n'entame jamais le capital.

Si l'on paie cet intérêt des billets en argent, on se démunit d'une partie des revenus de l'état, qui doit servir aux autres dépenses de l'administration.

Si l'on donne d'autres billets créés jusqu'à telle ou telle somme pour payer ces intérêts, ce fera de même.

Si l'on établit de nouveaux papiers pour ne pas entamer les capitaux créés en billets, il faudra charger la terre de ce nouvel engagement, et il arrivera qu'au bout d'un certain tems, les terres comme les billets y passeront en totalité.

On voit donc par toute ces raisons et beaucoup d'autres à dire sur ce même sujet, qu'en établissant des intérêts à la manière ordinaire, on entamerait tous les jours le principal, et l'on finirait insensiblement par l'absorber.

M. Dupont me dira, sans doute ; mais nous aurons les revenus des terres hypothéquées pour payer ces intérêts ; je lui répondrai, vous aurez l'entretien du clergé à payer, vous aurez les frais immenses de régie, vous aurez les détournemens et tous les autres abus que la plume trouve toujours dans la bouteille à l'encre ; et vous aurez enfin ces mêmes intérêts à payer, dont vous ne serez pas dispensé pour cela.

Mes principes diffèrent d'autant plus de ceux de M. Dupont, que mon opération est neuve ; voici comme j'ai raisonné, lorsque je l'ai imaginée.

L'espérance, disais-je, est un don que la nature fait naître pour servir de compagne à tous les hommes ; elle domine en maîtresse, elle s'allie, disais-je encore, avec toutes leurs passions, particulièrement avec l'avarice.

On a beau démontrer à un homme qui prend habituellement des billets de Loterie, qu'il se ruine à la longue, l'espoir d'un lot considérable le tourmente sans cesse, rien ne peut l'en empêcher, et quoique certain de ce qu'on lui répète, il atteint la fin de sa carrière avec la perspective agréable d'un bonheur à venir.

Lorsque ce contentement de l'ame qu'éprouvent tous les hommes sur des jouissances qu'ils ont le droit d'attendre d'après tel ou tel dégré de probabilité, flatte leur esprit, pourquoi donc, ai-je dit, ne pas se servir de l'attrait éventuel d'une forte somme, plus séduisante à tous les hommes qu'un petit intérêt assuré, que le plus grand nombre dédaigne?

C'est par cette raison que lorsque je fis, il y a 18 ans, une Banque pour l'arrosement de l'Artibonite à Saint-Domingue, j'avais établi que les intérêts de tous les billets accumulés en sommes différentes seraient tirés tous les ans au fort, au profit de ceux qui posséderaient les billets, portant les mêmes numéros des billets gagnans d'une Loterie qui serait tirée à cet effet.

La Banque que j'ai voulu établir au Cap-Français, il y a trois ans, sur des maisons, avait les mêmes principes quant au bénéfice éventuel; mais elle en différait en ce qu'au lieu de faire les tirages tous les ans en sommes accumulées d'intérêt, on devait tirer au sort la jouissance de la rente des maisons, à la mort de chaque usufruitier.

La Banque que je propose aujourd'hui pour les biens-fonds du clergé, est parfaitement conforme à la Banque du Cap.

Aussi-tôt après la mort d'un ecclésiastique usufruitier, il serait fait une Loterie publique en faveur des porteurs de tous les billets ayant hypothèque sur les fonds du bénéfice vacant.

Le porteur du billet-monnaie, au même titre et même numéro du billet de Loterie gagnant, deviendrait à son tour propriétaire usufruitier, pendant toute sa vie, du revenu, sans que tous les billets, toujours hypothéqués sur ce même fonds, pussent jamais rien perdre, ni de leur valeur comme numéraire, ni de leur droit pour gagner le même bien, à la mort du dernier usufruitier, à qui le sort aurait déjà été favorable.

Par ce moyen, on établirait une succession perpétuelle de jouissances pour la vie des gagnans, qui, retirées encore au sort après leur mort, feraient gagner d'autres individus de la nation.

C'est par cette manière d'établir pour toute la société des prétentions au bonheur d'une chance, que chaque individu verra perpétuellement en perpective l'espoir d'obtenir 3, 4, 5, 6, 10, 12, 15 ou 20 mille livres de rentes viagères. Ces tirages seront fort souvent répétés, par rapport à la grande quantité de morts qui se déclarera tous les jours parmi le grand nombre d'ecclésiastiques, ou parmi les particuliers qui mourront à leur tour, après avoir joui des rentes qu'ils auront déjà gagnées par les précédens tirages.

Cette Banque perpétuelle, qui n'exige point de frais, pourra attirer en France beaucoup de capitalistes étrangers, puisque dans le seul intervalle qu'un banquier, un marchand ou tout autre, ne ferait que toucher un billet, il pourrait gagner une forte rente viagère, et cela du jour au lendemain, avant de donner ce billet en paiement à un autre.

ART. XII.

Comment établir le partage des intérêts?

REPONSE.

Nous venons de l'expliquer dans la réponse du précédent article.

ART. XIII.

Un partage déterminé pour chaque porteur de billet, vaut-il mieux qu'un partage éventuel des rentes du clergé?

REPONSE.

J'ai démontré dans la réponse de l'article X combien le partage des intérêts entraînerait de confusion, de frais et d'abus de régie, et qu'il ne faut aucune opération compliquée pour tirer au sort la possession d'un bénéfice vacant, que chaque usufruitier gouvernera lui-même.

ART. XIV.

La méthode la plus simple et la plus facile à opérer, ne serait-elle pas préférable?

REPONSE.

Si j'ai démontré qu'un bénéfice éventuel à délivrer au possesseur n'a pas besoin de régie, et qu'il en faudrait une très-compliquée pour recevoir et remettre les intérêts, la réponse se trouve toute faite dans ce que j'ai déjà dit.

ART. XV.

N'est-il pas plus avantageux pour ceux qui thésaurisent d'avoir du papier solide portant un profit éventuel, qui peut l'enrichir d'un jour à l'autre sans aucuns risques, que des espèces d'or et d'argent, qui ne donnent aucun profit quand on les garde?

REPONSE.

J'ai assez souvent répété que ce papier serait préférable, comme je le démontrerai toujours, aux espèces d'or et d'argent, qui ne peuvent donner aucun intérêt, à moins qu'on ne s'en démunisse et qu'on ne courre le risque de perdre son capital par l'insolvabilité cachée de celui à qui on l'aurait confié, au lieu qu'avec ces billets on tient le capital, et l'on est comme assuré de l'intérêt.

Un autre grand avantage de ce papier, c'est que les banquiers, les négocians, les marchands, pourront gagner de fortes rentes sans détourner l'argent de leurs affaires; la simple circulation du commerce les mettra souvent dans le cas d'avoir entre les mains des billets gagnans aux momens des tirages.

On peut ne pas gagner, mais on ne peut jamais perdre, parce que la sûreté reste, et que le droit ne s'altère jamais, le billet conserve toujours sa même valeur et son cours.

Il ne faut donc jamais perdre de vue que, quoique la possession d'un bénéfice finisse avec la vie de l'un, elle s'établit aussitôt pour un autre, et que le titre ne meurt jamais. Tous les billets, soit les gagnans, soit les autres, portant sur le même fonds, conservent toujours leur hypothèque et leur droit pour d'autres tirages après la mort de celui qui aura gagné la rente d'un bénéfice.

Art. XVI.

N'est-il pas nécessaire, pour la circulation du commerce des marchands et des artisans, de faire sortir l'argent des coffres des capitalistes?

Reponse.

Les pièces monnoyées sont d'une nécessité absolue pour faciliter la multiplicité des petites opérations du commerce : il en faut beaucoup plus qu'il n'en paraît aujourd'hui, pour faciliter les ventes journalières et le paiement des ouvriers. La même pièce roule souvent trente fois dans un jour d'une main à une autre, il faudrait au contraire qu'elle s'y arrêtât, afin qu'en l'ajoutant à plusieurs autres, le pauvre pût se procurer un peu d'aisance.

Tous les états, excepté les capitalistes, souffrent aujourd'hui de la disparution de l'argent monnoyé. Le marchand, par la difficulté d'avoir l'argent à remettre pour la solde d'un billet de caisse, se voit dans l'impossibilité de vendre ses marchandises ; et cette suspension de vente le met ensuite dans le cas de manquer à ses engagemens.

Tout ce que je dis est généralement connu. Or, d'après des faits de cette notoriété, comment

M. Dupont peut-il offrir une banque qui nécessite l'enlèvement de 40 millions du commerce élémentaire, pour les renfermer dans les coffres de sa Banque.

Il me répondra qu'il faut des fonds pour payer les billets qui se présenteront à la Caisse, et que jamais une Banque ne saurait avoir lieu, si l'on n'a pas toujours l'argent prêt pour rembourser les billets à la première vue.

C'est parler à merveille, répondrai-je à mon tour, il ne faut jamais mettre des billets monnoyés dans la circulation, sans que celui qui en est porteur ne trouve de l'argent à volonté pour acheter des objets de petite valeur dont il aura besoin; mais au lieu de renfermer de l'argent en sommes considérables qui arrêtent les petites opérations du commerce, l'état se servira des différentes Caisses de recettes provinciales du royaume, qui, par la nature des paiemens qu'elles toucheront du peuple pour leurs impositions, seront sans cesse munies d'espèces pour en donner à tous ceux qui voudront obtenir la monnaie d'un billet.

Voilà donc de l'argent à volonté, comme M. Dupont le desire, sans renfermer 40 millions dans les coffres (1).

(1) On voit clairement par cet article, combien mes

Je dirai plus, c'est que la Caisse d'Escompte une fois vuidée d'argent, il sera fort difficile de la remplir. L'opinion publique ne lui est pas favorable; au lieu que les trésors qui se remplissent tous les jours par des droits continuels de petites sommes que paie le peuple pour sa contribution, seront une source intarissable qui ne pourront jamais manquer lorsque les trésoriers auront soin de ne payer les fortes sommes de la dépense qu'en papier, et de conserver l'argent pour les personnes qui viendront chercher la monnaie d'un billet au trésor.

Les receveurs et trésoriers n'auront point d'autres appointemens que ceux que pourront leur procurer les tirages avec les papiers dont ils seront les dépositaires; cette économie ne laissera pas que d'être assez grande, et le bénéfice éventuel assez attrayant pour faire desirer ces charges par des personnes riches en état d'attendre les évènemens. On voit donc que les grands trésoriers, les receveurs, les notaires, les banquiers, les négocians, les marchands, les prêteurs, les rentiers et tous ceux qui par état toucheront de grands

idées à ce sujet, sont plus anciennes que celles des plagiaires de la Banque de France, qui voudraient me les disputer aujourd'hui.

capitaux, devront certainement préférer ces sortes de billets à l'argent monnoyé, par la raison qu'on ne pourra pas leur disputer ce bénéfice, lorsqu'ils remettront les capitaux qu'on leur aura confiés. Il est donc probable qu'ils devanceront tous ceux qui voudront de l'argent comptant, que les porte-feuilles se rempliront, que personne ne thésaurisera et que l'argent sortira pour faire circuler le commerce élémentaire des pauvres, qui ne peuvent pas trouver aujourd'hui ni à vendre les objets de leurs boutiques, ni à travailler de leur métier, faute d'argent monnoyé.

A V I S

AUX PROPRIÉTAIRES

DE BIENS-FONDS.

Le taux actuel de l'intérêt de l'argent est le mal qui attaque le plus directement les propriétés foncières et le commerce.

Le cultivateur ne saurait le payer pour obtenir les avances nécessaires à la terre sans se ruiner; les banquiers, les négocians et les marchands ne sauraient trouver de bénéfices assez considérables pour le supporter; les propriétaires de maisons ne pourraient pas non plus obtenir le paiement de leurs locataires, à qui cet intérêt enlèverait le profit de leur commerce; et tous, sans exception, finiraient par une ruine totale qui les mettrait hors d'état de payer leurs impositions.

C'est donc pour prévenir tous ces maux, que la Compagnie de Change peut devenir utile; le développement de son organisation depuis la page 43 jusqu'à la page 64, démontre les avantages que les propriétaires de biens-fonds pourront y trouver sans rien débourser.

Ils entendraient mal leurs intérêts, s'ils ne cherchaient, comme moi, non seulement le moyen de faire reprendre à leurs biens leur ancienne valeur, mais à se procurer en outre un revenu double de celui qu'ils en retirent.

Cette Compagnie sera d'autant plus facile à rétablir, que les propriétaires n'auront pas besoin d'y porter de l'argent, pour y obtenir des actions.

Ceux qui voudront entrer dans cette Association, auront la bonté de m'écrire tant de Paris que des villes des départements désignés à l'article IV du titre I, page 44 et 45, en m'adressant leurs lettres, poste restante, à Paris, afin qu'elles ne se confondent pas avec celles de mes autres affaires.

On aura soin de les affranchir, si l'on veut que je les retire.

COURREJOLLES, père.

MODÈLE d'un Billet de la Banque Nationale, suivant le système de M. COURREJOLLES, Député de Saint-Domingue.

GUIENNE.

Inventaire des Biens hypothéqués.

Deux Métairies.
Un Moulin.
Un Cellier.
150 journaux de vigne.
120 en labour.
80 en prairies.

350 journaux.

Le tout affermé 5000 liv. et estimé 100,000 liv. de capital sur lequel on a établi 100 billets pareils à celui-ci, N°. 1 à 100.

N°. 80.

BON pour mille livres, hypothéquées sur l'Abbaye de Saint-Pierre, située au canton de province de Guienne.

Le Porteur du présent Billet recevra à volonté la somme de mille liv. au Trésor des Recettes de la province de Guienne.

Signé *LEGARDEUR*, Trésorier.

A la mort de M. l'Abbé de Lavie, usufruitier actuel, il sera fait un tirage de 100 numéros en forme de Loterie : si le numéro *Quatre-vingt* est le gagnant, le Porteur du présent Billet entrera en jouissance du montant des revenus de la susdite Abbaye jusqu'à sa mort.

A chaque tirage et mutation d'usufruitier, tous les Porteurs des Billets hypothéqués sur l'Abbaye de Saint-Pierre, les rapporteront au trésor pour y être refaits au nom du nouveau Possesseur; on les remboursera à volonté, soit en argent, ou soit en d'autres Billets.

Signé *LEMAITRE*, Directeur.

Numéro QUATRE-VINGT. Signé *BONŒUIL*, Contrôleur.

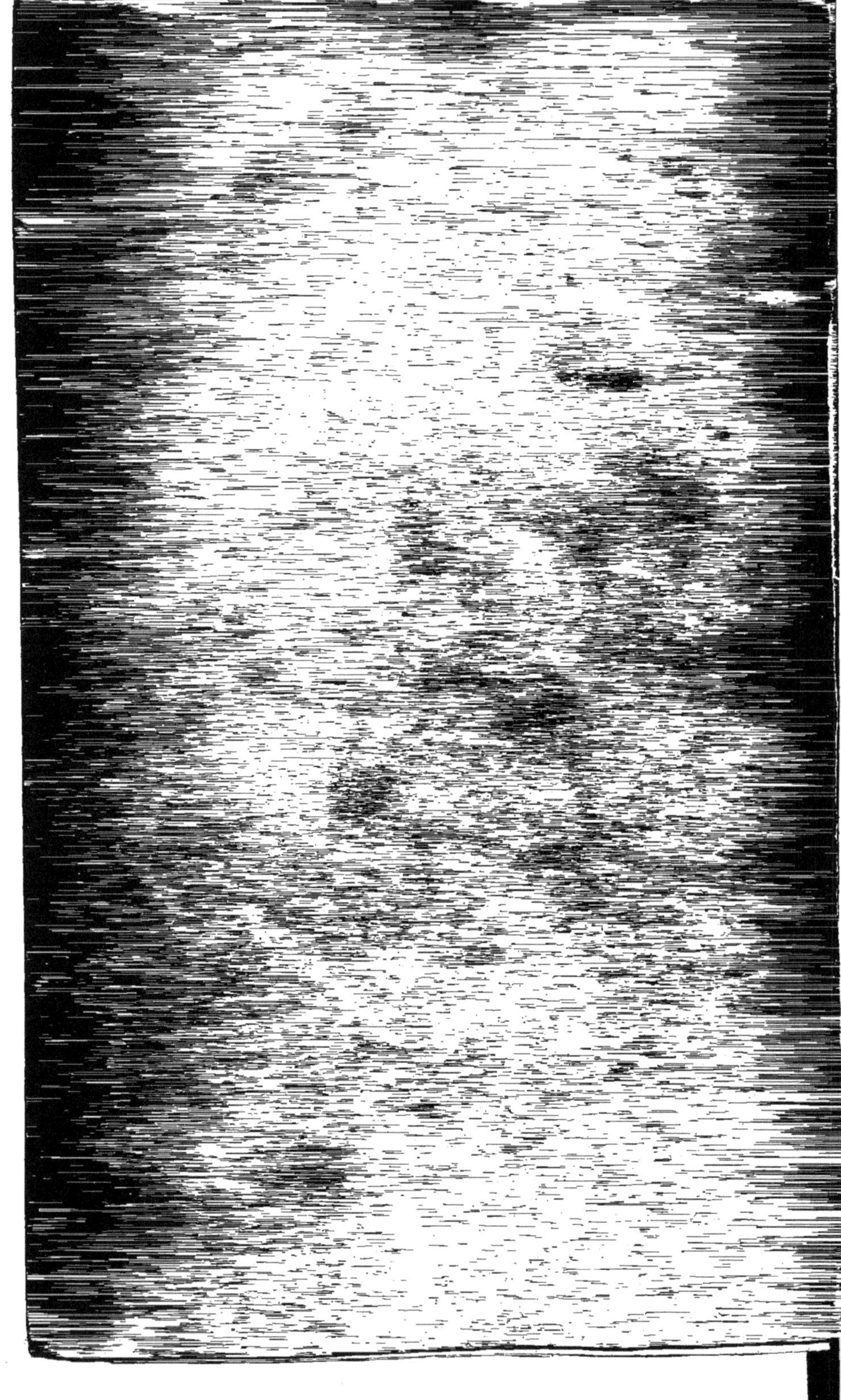

www.ingramcontent.com/pod-product-compliance
Ingram Content Group UK Ltd.
Pitfield, Milton Keynes, MK11 3LW, UK
UKHW020154200726
13856UKWH00003B/992

9 782011 928900